风范

—党的作风建设中的人与事—

曲青山　王全春◎主编

中共党史出版社

图书在版编目（CIP）数据

风范：党的作风建设中的人与事 / 曲青山，王全春主编 . -- 北京：中共党史出版社，2025. 8（2025.11 重印）. -- ISBN 978-7-5098-6835-5

Ⅰ . D263

中国国家版本馆 CIP 数据核字第 2025YK9909 号

书　　名：风范——党的作风建设中的人与事
作　　者：曲青山　王全春

出版发行：中共党史出版社
责任编辑：王鸽子
责任校对：申宁
责任印制：段文超
社　　址：北京市海淀区芙蓉里南街 6 号院 1 号楼　邮编：100080
网　　址：www.dscbs.com
经　　销：新华书店
印　　刷：北京中科印刷有限公司
开　　本：710mm × 1000mm　1/16
字　　数：175 千字
印　　张：15
版　　次：2025 年 8 月第 1 版
印　　次：2025 年 11 月第 2 次印刷
书　　号：ISBN 978-7-5098-6835-5
定　　价：40.00 元

此书如有印装质量问题，请联系中共党史出版社读者服务部 电话：010-83072535

序言

习近平总书记指出："党的作风就是党的形象，关系人心向背，关系党的生死存亡。"一百多年来，我们党团结带领人民取得了革命、建设、改革的伟大成就，很重要的一条就是我们党在长期实践中培育并坚持了一整套光荣传统和优良作风。这些光荣传统和优良作风包括理论联系实际、密切联系群众、批评和自我批评以及艰苦奋斗、求真务实等等，是我们党性质和宗旨的集中体现，是我们党区别于其他政党的显著标志。

我们党作为马克思主义政党，始终高度重视加强作风建设，一登上中国历史舞台，就展现出其他政党和政治团体不曾有过的姿态和面貌。一个显著特征就是植根人民，自觉同群众保持密切联系。在革命战争中，我们党总结部队做群众工作的经验，概括总结了三大纪律八项注意。经过延安整风运动，毛泽东在党的七大上把我们党的优良作风概括为三大作风，这与贪污腐化的国民党形成了鲜明对比，使共产党赢得了民心，最终"用延安作风打败西安作风"，取得新民主主义革命的胜利。

“打江山不易，守江山更难”。难就难在取得政权后，面临着更多的诱惑和考验，增加了脱离群众的危险。因此，毛泽东在新中国成立前夕召开的党的七届二中全会上，提出了“两个务必”的思想，并反复告诫全党要有“进京赶考”的清醒认识，“决不当李自成”。党的八大围绕执政党的建设问题，突出地提出反对党内主观主义、宗派主义、官僚主义，批评脱离实际、脱离群众的思想作风，强调党的领导工作能否保持正确，决定于它能否采取“从群众中来，到群众中去”的方法。

改革开放后，针对“文化大革命”对党的优良传统和作风造成的严重破坏，邓小平强调要“切实把我们的党风搞好”。党的十二大严肃指出党风问题是关系到执政党生死存亡的问题，决定对党的作风和党的组织进行一次全面整顿。党的十五届六中全会通过《中共中央关于加强和改进党的作风建设的决定》，对加强作风建设作出全面部署。党的十七届四中全会提出要弘扬党的优良作风，保持党同人民群众的血肉联系。这对发扬党的优良作风，把党和人民事业推向前进，发挥了重要作用。

2012 年 12 月 4 日，习近平总书记主持召开中央政治局会议，决定从作风建设入手，进一步加强党的建设。会议审议通过中央八项规定，从八个方面对中央政治局的同志改进工作作风提出明确要求。党中央以身作则，率先垂范，严格执行中央八项规定，各地区各部门严格贯彻落实中央八项规定精神，推动作风建设不断走向深入，刹住了一些过去被认为不可能刹住的歪风，纠治了一些多年未除的顽瘴痼疾，扭转了“几十个文件管不住一张嘴”的局面。党的十八大以来，我们党先后开展党的群众路线教育实践活动等一系列党内集中教育，始终贯穿着加强党的作风建设的鲜明要求。“八项规定一子落地，作风建设满盘皆活”，极大提升了党在人民心目中的形象和威信。

党的历史是最生动、最有说服力的教科书。党的十八大以来，为充分发挥党史以史鉴今、资政育人的作用，我们坚持讲好党的故事、革命的故事、英雄的故事，讲好追求真理的故事、践行初心使命的故事、优良作风的故事，与有关媒体和杂志合作推出系列专栏，组织力量撰写出版通俗读物，努力用短小精悍、富有哲理、震撼人心的党史故事教育人、启迪人、感化人、鼓舞人，教育引导广大党员干部做到学史明理、学史增信、学史崇德、学史力行，产生了良好反响，取得了积极成效。

作风建设永远在路上。历史和现实充分证明，党的作风正，人民的心气顺，党和人民就能同甘共苦，党和国家事业就会蓬勃发展。希望本书的出版，能够有助于党员干部深入学习贯彻习近平总书记关于加强党的作风建设的重要论述，把好传统带进新征程、将好作风弘扬在新时代，以作风建设新成效，为推动中国式现代化建设提供有力保障。

目录 CONTENES

毛泽东："每一个共产党员必须发挥其全部的积极性"

"每一个共产党员必须发挥其全部的积极性。"这是毛泽东同志在讲到中国共产党为中国人民和世界人民的独立解放事业而奋斗时向全党发出的号召。他还特别强调指出："共产党员的先锋作用和模范作用是十分重要的。"毛泽东同志不仅自觉地发挥这样的作用，也成为中国共产党人发挥先锋模范作用的标杆。

翻开我们党在延安时期作出的第一个历史决议，对毛泽东同志曾作出这样的评价："毛泽东同志对于中国革命运动的指导，正是一个最好的模范。"这个决议还在多个方面讲到这种"最好的模范"的体现。比如，在强调坚持真理和服从组织的辩证关系、党内斗争和党内团结的相互统一等问题时，决议明确指出："毛泽东同志就供给了一个坚持真理的原则性和服从组织的纪律性相结合的模范，供给了一个正确地进行党内斗争和正确地保持党内团结的模范。"在讲到深入开展马克思列宁主义教育，提高全党对于无产阶级思想和非无产阶级思想的鉴别能力问题时，决议明确指出："毛泽东同志在这次全党整风和党史学习中所采取的方针，即'惩前毖后，治病救人'，'既要弄清思想又要团结同志'的方针，是马克思列宁主义者克服党内错误的正确态度的模范，因而取得了在思想上、政治上和组织上提高并团结全党的伟大成就。”

在各种困难局面和复杂斗争环境下，毛泽东同志都能亲自作“示范”，自觉当“模范”，带领全党同志不断“从斗争中创造新局面”，因而成为中国共产党人的“主要代表”。自党的第一个历史决议起，“以毛泽东同志为代表”或“以毛泽东同志为主要代表”，就成为中国共产党人的显著标识。比如，这个决议在讲到毛泽东同志创造性地把马克思主义与中国实际相结合问题时，明确指出：“尤其值得我们庆幸的是，我们党以毛泽东同志为代表，创造性地把马克思、恩格斯、列宁、斯大林的革命学说应用于中国条件的工作，在这十年内有了很大的发展。我党终于在土地革命战争的最后时期，确立了毛泽东同志在中央和全党的领导。这是中国共产党在这一时期的最大成就，是中国人民获得解放的最大保证。”在讲到与“左”倾错误作坚决的斗争时，这个决议指出：“在第三次‘左’倾路线时期中，以毛泽东同志为代表的主张正确路线的同志们，是同这条‘左’倾路线完全对立的。”在讲到伟大的事业必须在伟大的思想指导下才能取得胜利时，这个决议明确指出：“以毛泽东同志为代表的马克思列宁主义的思想更普遍地更深入地掌握干部、党员和人民群众的结果，必将给党和中国革命带来伟大的进步和不可战胜的力量。”自第一个历史决议后的历次历史决议，都采用了“以毛泽东同志为主要代表的中国共产党人”这种标志性表述，突出了毛泽东同志的引领作用。

在中国革命和建设的历史上，正因为毛泽东同志始终坚持一切从实际出发，把马克思主义普遍真理与中国具体实际紧密结合起来，始终站在人民立场上，从最广大人民群众的根本利益出发，

"自我牺牲地为党和人民工作"，在方方面面作表率，全党上下和全国各族人民心中自然就形成了"以毛泽东同志为代表（或主要代表）的中国共产党人"这样一个先锋模范集体和特殊称谓。在中国革命和建设的各个时期和重要环节上，毛泽东同志充分发挥了"一个最好的模范"作用。

杨明伟

毛泽东读《共产党宣言》

毛泽东研读马列著作，是为了找到解决中国革命和建设实际问题的原理，而他读的最多的正是《共产党宣言》。早在1939年，他就对一位在马列学院学习的同志说："《共产党宣言》，我看了不下一百遍，遇到问题，我就翻阅马克思的《共产党宣言》，有时只阅读一两段，有时全篇都读，每读一次，我都有新的启发。我写《新民主主义论》时，《共产党宣言》就翻阅过多次。"新中国成立后，面对社会主义建设中遇到的新情况新问题，毛泽东投入更多精力阅读马列著作，而他读的最多的依然是《共产党宣言》。如20世纪50年代末，面对我国社会主义建设中的失误，他多次重拾《共产党宣言》，并在其中关于废除资产阶级所有制，剥夺资产阶级占有他人劳动、奴役他人劳动的权力，与传统的所有制观念决裂等论述处，做了密密麻麻的记号和批注。这表明毛泽东在探索中国革命和社会主义建设道路时，坚持从马列著作中寻找蕴含于其中的思想精髓和精辟原理，其中具有重要代表性的就是《共产党宣言》，可以说，《共产党宣言》陪伴他走过了中国革命和社会主义建设的光辉岁月。

毛泽东不仅自己反复研读，还多次向全党推荐《共产党宣言》

等马列著作。延安整风运动期间，为了进一步提高全党的马克思主义理论水平，他为党内干部开列了六本书目，第一本就是《共产党宣言》。1945 年，在抗日战争进入最后阶段、中国前途面临两种抉择的关键时期，中共召开第七次全国代表大会。会议期间，毛泽东向全党提出要读五本马列著作的任务，第一本还是《共产党宣言》，并指出，这五本书如果有五千人到一万人读过了，并且有大体的了解，那就很好，很有益处。1949 年，在中国共产党即将取得全国伟大胜利的重要关口，毛泽东再次向全党开列出 12 本马列主义著作书目，第一本仍然是《共产党宣言》，他强调："对宣传马克思主义，提高我们的马克思主义水平，应当有共同的认识。"20 世纪 60 年代，在我国社会主义建设出现困难时，为了探索社会主义建设的规律，毛泽东提出党内高级领导干部要认真研读马列主义著作，树立马克思主义世界观和方法论。对此，他推荐了以《共产党宣言》为首的 30 本马列主义著作，还在关于组织高级干部学习马、恩、列、斯著作的一个批示中指出，"为了适应客观形势迅速发展的需求，……高级干部必须下决心挤出一定时间，认真坐下来读书，补一补课"。

毛泽东用一生研读《共产党宣言》，始终坚持将马克思主义基本原理与中国具体实际相结合、同中华优秀传统文化相结合，实为把马克思主义中国化的光辉典范。

许　萌

毛泽东与密切联系群众

参加革命初期，青年时代的毛泽东就已经初步认识到密切联系群众的重要作用。早在 1919 年的《湘江评论》创刊宣言中，毛泽东就鲜明地提出，“什么力量最强？民众联合的力量最强”。他深入调研基层民众生活，到湖南开展考察工作，与农民、农运工作同志开调查会、听报告获取资料，在此基础上于 1927 年写下《湖南农民运动考察报告》，以答复当时党内外对农民革命斗争的责难，其中就提及唤起民众、组织群众的思想。在红军建设问题上，毛泽东阐明红军是执行革命的政治任务的武装集团，红军的任务“决不是单纯地打仗的”，还要负担宣传、组织、武装群众，帮助群众建立革命政权等任务，离开这些目标和任务，也就失去了红军存在的意义。针对一段时期内红军中的教条主义思想，毛泽东也明确指出，中国革命斗争中我们的任务必须包含“争取工人阶级的大多数，发动农民群众和城市贫民”。

抗日战争时期，毛泽东强调我们的革命依靠干部联系群众，党依靠干部和领袖“联系党员和群众，依靠着这些人对于群众的坚强领导而达到打倒敌人之目的”。共产党的干部政策也要考虑“和群众有密切的联系”的标准，并对共产党员提出具体要求，指出共产党员就应该坚持正确的原则用以“巩固党和群众的联系”，要“关心党和群众比关心个人为重”。在革命奋斗历程中，共产党员应该依靠群众的多数，得到人民群众的拥护。毛泽东明确指出，抗日民族统一战线的组成和巩固，民主共和国在中国的实现，丝毫不能离开争取群众的努力，因此要为“争取千百万群众进入抗日民族统一战线而斗争”。在党的七大上，毛泽东在报告中分析了我们的任务和政策，对中国共产党应该具有并已经形成的工作作风作出了精辟的概括：“以马克思列宁主义的理论思想武装起来的中国共产党，在中国人民中产生了新的工作作风，这主要的就是理论和实践相结合的作风，和人民群众紧密地联系在一起的作风以及自我批评的作风”，并指出，和最广大的人民群众取得最密切的联系，是共产党人区别于其他任何政党的一个显著标志。毛泽东关于党的三大作风的概括和阐述，对党的作风建设理论作出了创造性的贡献。

1945 年，毛泽东到重庆谈判，引发社会巨大反响。《新华日报》发表的读者来信中说，“毛先生来渝，证明了中共为和平、团结与民主而奋斗的诚意和决心，这的确反映和代表了我们老百姓的要求”。从重庆回到延安后，毛泽东在延安干部会上作关于重庆谈判的报告，也谈到“我这次在重庆，就深深地感到广大的人民热烈地支持我们”。他以种子和土地比喻共产党人和人民的关系，指出所有到前方去的同志都要做好准备，要“同那里的人民结合起来，在人民中间生根、开花”，搞好和群众的关系，关心群众、帮助群众解决困难。同年，毛泽东为中共中央起草给东北局的指示。他科学预见了东北斗争的艰苦性，认为党在东北的任务是在距离国民党占领中心较远的城市和广大乡村，建立巩固的根据地，发动群众、积蓄力量。针对当时的斗争形势和任务，毛泽东指出干部初到东北，必须加强与人民群众的联系，发动群众开展工作，“下决心和东北人民打成一片”，并从人民群众中培养出大批积极分子和干部。1947 年 12 月，毛泽东在杨家沟主持召开的中共中央扩大会议是党在解放战争期间举行的具有重要历史意义的会议。此时，中国人民革命战争已达到一个转折点的历史时刻，毛泽东起草的作为会议主题报告的《目前形势和我们的任务》是纲领性文件，是在党宣布“打倒蒋介石，建立新中国”的庄严目标下提出来的。毛泽东在报告中强调，面对前进道路上的种种障碍和困难，“只要我们能够掌握马克思列宁主义的科学，信任群众，紧紧地和群众一道，并领导他们前进”，就能够超越障碍、战胜困难，“我们的力量是无敌的”。

新中国成立后，毛泽东继续丰富和发扬密切联系群众的优良作风。毛泽东一贯重视反对官僚主义、命令主义和违法乱纪，指出要注意“不了解和不关心人民群众的痛苦，不了解和不关心基层组织情况”的问题，提倡要关心群众生活。人民群众认识到自己的地位发生了改变，愿意向党和政府以通信的方式表达自己想要说的话，许多地方出现人民来信数量大批增加的情况。在实际工作中，毛泽东严格要求自我，每天批阅和处理的大量文件中就包括重要的人民来信，同时多次强调各级领导机关必须重视人民群众来信，要认真负责加以处理，以此作为党和政府加强与人民群众联系的一种方法，恰当处理来信和满足群众的正当要求。

成 靓

毛泽东：调查研究要坚持以人民为师

毛泽东是我们党身体力行、率先垂范、深入开展调查研究的榜样。正是通过扎实的调查研究，毛泽东才逐步形成了科学的世界观、方法论。据统计，新民主主义革命时期，毛泽东开展调查研究不下 60 次；社会主义革命和建设时期，他到各地调研不下 57 次、约 2851 天，也就是在新中国成立后，他有约三分之一的时间都在调研。

毛泽东的调查研究始终坚持实事求是的原则，坚持以人民为师，真正洞察民情、解决问题。

以人民为师，紧密依靠群众。毛泽东以满腔的热忱，以“甘当小学生”的姿态，尊人民为师，不懂就问、不清楚就问、不了解就问。他调研非常务实、不走过场、不搞形式主义。他还始终依靠群众，带着对人民的深厚感情，急人民所急、想人民所想。他认为，在调研中要做到与人民群众惺惺相惜，“要和群众做朋友，而不是去做侦探”。毛泽东乐于深入群众、深入基层，善于和社会各界人士交朋友。调查对象对他知无不言、言无不尽，他也赢得了广大人民群众的认可和尊重。

善于“察言观色”，与调查对象交心。1943 年冬，鲁中区委书记江华到延安中央党校学习。毛泽东见到他后，询问起山东和沿途见到的群众生活情况。江华汇报说，一路走马观花，没有深入了解，只看到一些表面现象。毛泽东因此教导说：我们的干部，每到一个地方，要察言观色。察言观色，就是看老百姓吃得怎么样，穿得怎么样，脸色怎么样，情绪怎么样，通过对这些现象的观察，就了解到了群众生活的基本情况。当然，这还是不够的，但了解群众的第一步，应当是察言观色。江华晚年由衷地说，毛主席的这番教导使他受益终身。

毛泽东善于通过全面掌握基本情况和典型访谈的方式，与调查对象以心交心，了解真正的实情。1925 年 2 月至 8 月，毛泽东在韶山 200 多天，大半的时间都在调查。针对不同类型的典型，他一家一家走访，一个人一个人长谈，并尽可能地扩大覆盖面。社会上对组织开展的农民运动的表扬和批评，他都认真倾听、虚心接受。对于农民运动中的“农民问题”，解决得好的和坏的情况都去了解，以全面掌握基本情况。1926 年 12 月，时任中共中央农民运动委员会书记的毛泽东，找来老家的壮年佃农张连初，诚心与他进行面对面、一对一的交流，了解他家里的基本情况，对包括粮食、猪油、茶叶等在内的支出情况，以及粮食收成、喂猪、工食等在内的收入情况都做了详细的记录。他通过“以心交心”“解剖麻雀”的方式，搞好典型访谈，了解真正实情，为下一步决策提供参考。

调查研究的最终目的是要解决问题。毛泽东深入基层了解实情，在找到事物症结的基础上，发现问题，并及时提出有针对性的解决之法。1927 年 1 月，毛泽东在湘乡考察农民运动时，农会委员长陪一个农民前来找他，称该农民有一头牛腿跌断了，再不能耕田，农民想把废牛杀了换头小牛，但县里规定禁止杀牛，又未明确废牛能否宰杀，这位农会干部不好做主，特请毛泽东出主意。毛泽东充分了解情况后提出自己的观点："县里这个规定很好，是对的；但农民遵守规章，来请示农会，我看这头废牛，可以根据实际情况，又不损害农民利益，就按农民的想法做要得。"

张文良

毛泽东胸中有“数”的工作方法

质量互变规律是唯物辩证法的基本规律之一，毛泽东将其创造性运用到领导中国革命和建设事业的实践中，形成了胸中有“数”的工作方法。

有“数”来自调查研究。大革命失败后，在长期严酷的革命斗争实践中，毛泽东仍然高度重视调查研究工作。以 1930 年 5 月他所作的寻乌调查为例，这个调查最后形成的 8 万多字的报告中不仅涉及当地方方面面的情况，而且包含大量的统计数字。这些数字非常细致具体，仅论列的商品货物就有 14 大类，每类都设专项分析，其中杂货就列举了 131 种之多，并详细注明价格及贸易量。即使一个很小的“开理发店”的盈亏问题，报告也记载得清清楚楚：“开理发店要四五十元本，师父普通请两个，少的一个，至多三个。工价以半年计至少三四十元，普通五六十元，最多八十元。生意好的理发店，每天每人可以做一块钱生意，普通是一个老板两个工人，平均每天能进三元，每年能进千元内外。开销工钱百多元，其余都归老板，再开销伙食（以四个人计每人七十五元）、店租（三十元左右）和器具的消耗（百元以内），可赚四百元内外（老板自己的工钱在内）。”经过下气力搞这样细致、深入的调查统计和研究工作，毛泽东懂得了城市商业状况，掌握了分配土地的各种情况，为制定正确对待城市贫民和商业资产阶级的政策，为确定土地分配中限制富农的“抽肥补瘦”的原则，提供了实际依据。新中国成立后，毛泽东仍然反复强调要通过调查研究做到胸中有“数”。他提出，“做领导工作的人要依靠自己亲身的调查研究去解决问题。书面报告也可以看，但是这跟自己亲身的调查是不相同的。自己到处跑或者住下来做一个星期到十天的调查，主要是应该住下来做一番系统的调查研究”，经过深入群众和实际的调查研究，“现在心中无数，慢慢就会有数”。

要观大略、算大账、谋大数。毛泽东在这方面作出了典范。比如，他始终注意到多数和少数的问题，主张对敌斗争要“利用矛盾，争取多数，反对少数，各个击破”；主张建立民主政府要以能够“团结中国百分之九十以上的老百姓一道奋斗”为出发点；主张搞社会主义政治建设要健全民主集中制，这样“就能把党内、党外广大群众的积极性调动起来，就能使占人口百分之九十五以上的人民大众团结起来”；主张处理国际关系时“要扩大团结的范围，把全亚洲、非洲、拉丁美洲以及全世界除了帝国主义和各国反动派以外的百分之九十以上的人民团结在一起”。总之，要团结一切可以团结的力量，建立巩固的统一战线，为战胜前进道路上的各种困难挑战凝聚人心、凝聚力量。这就是算大账的远见卓识。再比如，抗日战争时期，毛泽东在《论持久战》这篇著作中就坚持观大略、算大账、谋大数，全面分析了中日战争所处的时代和中日双方的基本特点。关于亡国论和速胜论观点的持有者，毛泽东指出：“他们看问题的方法都是主观的和片面的，一句话，非科学的。”而毛泽东则从全局和战略的高度为中日战争算了篇大账目，得出结论——

"中国会亡吗？答复：不会亡，最后胜利是中国的。中国能够速胜吗？答复：不能速胜，抗日战争是持久战"。毛泽东还根据敌我双方互相矛盾着的各种因素以及这些因素在战争过程中的发展变化，预见了中国持久抗战将经历的三个阶段，进而提出了战胜日本帝国主义的一系列根本的战略、战术方针，极大坚定了中国人民持久抗战的胜利信心，为夺取抗日战争的胜利指明了正确方向。

从有"数"到有为。用数字来说明问题，通过算账比较来阐明道理，还可以大大增强说服的效果。毛泽东很善于用简练鲜明的数字来说明大道理。他曾说，新中国的成立使"占人类总数四分之一的中国人从此站立起来了"，其中的"四分之一"，寥寥一语就把新中国成立的重大意义淋漓尽致地表达了出来；他还曾说过，"一万年以后，也要奋斗。共产党就是要奋斗，就是要全心全意为人民服务，不要半心半意或者三分之二的心三分之二的意为人民服务"，其中的"一万年""全""半""三分之二"，言简意赅就把共产党人必须永远坚持的根本宗旨入木三分地刻画了出来。毛泽东很推崇用算账来说明问题的方法，认为这比单纯讲道理、说观点，效果要好得多。1955 年，他在主持编辑《中国农村的社会主义高潮》一书时，在为其中一篇介绍生产合作社经验的《一个整社的好经验》的文章写的按语中，充分肯定了基层干部"四对比、五算账"的宣传方法，认为这"是向农民说明两种制度谁好谁坏、使人一听就懂的一种很好的方法。这种方法有很强的说服力"。

吕 臻

毛泽东积极开展批评和自我批评

1955年，毛泽东曾以牛的两只角作比喻，鼓励广大党员干部积极开展批评和自我批评。他指出，怕得罪人，无非是怕丧失选举票，还怕工作上不好相处。你不投我的票，我就吃不了饭？没有那回事。其实，你讲出来了，把问题尖锐地摆在桌面上，倒是好相处了。不要把棱角磨掉。牛为什么要长两只角呢？牛之所以长两只角，是因为要斗争，一为防御，二为进攻。我常跟同志讲，你头上长“角”没有？你们各位同志可以摸一摸。我看有些同志是长了“角”的，有些同志长了“角”但不那样尖锐，还有些同志根本没有长“角”。我看，还是长两只“角”好，因为这是合乎马克思主义的。

对于如何开展批评，毛泽东认为，正确的批评，“结果是使党团结”，不正确的批评，如四中全会、五中全会（指党的六届四中全会、五中全会）的那种批评，结果是使党分裂。他强调，要发扬正确的批评，反对不正确的批评。

积极开展正确的批评。毛泽东认为，要严肃认真，对于错误和缺点，一定要进行认真的而不是敷衍的批评和自我批评，“对以前的错误一定要揭发，不讲情面，要以科学的态度来分析批判过去的坏东西，以便使后来的工作慎重些，做得好些”。对于如何进行批评，毛泽东强调，“批评应该是严正的、尖锐的，但又应该是诚恳的、坦白的、与人为善的”，“做起来必须得当，就是说，要好好地说理。如果说理说得好，说得恰当，那是会有效力的”；批评要做到“知无不言，言无不尽”，也要从团结的愿望出发，“有利于党的团结的话就说，不利于党的团结的话就不说，有利于党的团结的事就做，不利于党的团结的事就不做”。尤要注意的是，党内批评的主要任务，“是指出政治上的错误和组织上的错误”，“至于个人缺点，如果不是与政治的和组织的错误有联系，则不必多所指摘，使同志们无所措手足。而且这种批评一发展，党内精神完全集注到小的缺点方面，人人变成了谨小慎微的君子，就会忘记党的政治任务，这是很大的危险”。

关于如何对待批评，毛泽东指出，各种各样的意见，都要让它发表，要做到“知无不言，言无不尽；言者无罪，闻者足戒；有则改之，无则加勉”。对正确的批评，应当接受，“不管是什么人，谁向我们指出都行。只要你说得对，我们就改正。你说的办法对人民有好处，我们就照你的办”。对于不正确的批评，“即使其批评有不确当者，亦只可在其批评完毕，并经过慎重考虑之后，加以公平的与善意的解释”。

毛泽东还提到领导者接受批评时的态度问题，他指出，被批评的时候总会有些不舒服和难过，这是正常的。“对于下级所提出的不同意见，要能够耐心听完，并且加以考虑，不要一听到和自己不同的意见就生气，认为是不尊重自己。”共产党员必须倾听别人的意见，要跟别人的长处学习，“决不可自以为是，盛气凌人，以为自己是什么都好，别人是什么都不好；决不可把自己关在小房子里，自吹自擂，称王称霸”。而对于别人对自己的误解或有失偏颇的批评，甚至是根本不正确的批评或恶意的中伤，如针对抗战时期饶漱石在新四军中对陈毅的排挤打击，毛泽东在了解了事情原委后，劝慰陈毅，“凡事忍耐，多想自己缺点，增益其所不能；照顾大局，只要不妨大的原则，多多原谅人家。忍耐最难，但作一个政治家，必须练习忍耐”。学会忍耐，这也是毛泽东在土地革命战争时期面对党内错误的批评和打击时所采取的基本态度。在身处逆境的日子里，毛泽东花了很大的气力来读书，特别是读马克思主义的书籍，并开展调查研究，以马克思主义政治家的忍耐和远见卓识思考着中国革命的未来。最终，中国革命实践证明了毛泽东的主张正确，遵义会议坚持真理、修正错误，在事实上确立了毛泽东在党中央和红军的领导地位，开启了党独立自主解决中国革命实际问题的新阶段。

李东方

毛泽东：必须抛弃“党八股”

毛泽东认为，写文章和讲话一样，一定要看对象；如果不看对象，写出来的都是“党八股”式的文章，就会“害人不浅”。毛泽东比喻说，射箭要看靶子，弹琴要看听众，写文章做演说更要看读者、看听众，“乱讲一顿，是万万不行的”。

要养成人民群众喜欢的生动活泼、新鲜有力的文风。毛泽东历来强调，文章所用的语言要丰富，文字要有味道，“如果一篇文章，一个演说，颠来倒去，总是那几个名词，一套‘学生腔’，没有一点生动活泼的语言，这岂不是语言无味，面目可憎，像个瘪三吗？”人民群众“不欢迎他们枯燥无味的宣传，我们也不需要这样蹩脚的不中用的宣传家”。毛泽东主张，要想做到语言上生动活泼、新鲜有力，就必须向三个方面学习：第一，“要向人民群众学习语言。人民的语汇是很丰富的，生动活泼的，表现实际生活的”；第二，“要从外国语言中吸收我们所需要的成分”，但不能变成“洋腔洋调，中国人写文章没有中国味道”，要有“中国气派、中国风格”；第三，“还要学习古人语言中有生命的东西”。写文章或者做演说，如果具备了这三个方面的语言，就自然体现了“生动活泼新鲜有力的马克思列宁主义的文风”。这样的文风，体现了共产党人的风格，也有利于党和人民的事业。

文章最终要“交由人民群众去考验”。毛泽东认为，写文章是要吸引人去看的，如果文章吸引不了人看，这样的文章是发挥不了实际作用的。吸引人的文章，除了前面提到的有问题意识、有鲜明观点、有生动活泼的语言等因素外，毛泽东还强调了几点：一是文章标题要“吸引人看”，特别是理论文章和评述类的文章，“标题要吸引人看，这很重要”。但吸引人并不是哗众取宠，也不是空洞无物，而是要有实际内容，因此“标题必须有内容”。二是文章写完后要经得起反复审看，不能匆匆忙忙“拿出去害人”。写文章“是专为影响人的”，写好之后不能“马马虎虎地发表出去”，而要“多看几遍，像洗脸之后再照照镜子一样”，“重要的文章不妨看它十多遍，认真地加以删改，然后发表”。三是写出的文章要经得起群众“考验”，一篇文章形成观点的过程，就是“从群众中来”的过程；而把自己的观点和思想传达给别人的过程，就是“到群众中去”的过程，“人脑制成的这种完成品，究竟合用不合用，正确不正确，还得交由人民群众去考验。如果我们的同志不懂得这一点，那就一定会到处碰钉子”。因此，只有那些群众看得懂的、喜闻乐见的文章，才经得住“考验”。毛泽东的众多精彩文章特别是理论文章不拘一格的写法，恰恰说明一篇好文章并不是学问家的玩味品，也不是理论家纯个人的思想产品。写出的文章要符合理论与实际相结合的方向，文章所反映的思想总得回到实践中去、回到群众中去，被群众认知和掌握，从而解决实际问题，特别是解决群众在思想和生活中遇到的各种难题。

总之，毛泽东说过：“文章和文件都应当具有这样三种性质：准确性、鲜明性、生动性。”从一定意义上讲，“准确性”，针对的就是要能够准确抓住所提出和想解决的问题，把反映中国实际和人民群众愿望的问题提炼出来；“鲜明性”，针对的就是要有鲜明的观点，赞成什么、反对什么，在概念、判断和推理上逻辑要清晰，态度要鲜明；“生动性”，针对的就是要有生动活泼的语言，要有人民群众喜闻乐见的形式，能够吸引人去看。毛泽东所写的文章，大体都是建立在这“三性”基础上的，使用的是“生动活泼切实有力”的语言和逻辑，所以他的文章看起来带劲，正如他自己所比喻的“像一个健康人”；而毛泽东反对的“党八股”类的文章，正如他所比喻的“瘦得难看，不像一个健康的人”。毛泽东作为理论大家、文章大家，真可谓文如其人！

杨明伟

毛泽东关于纠正和改进会风的方式方法

不良会风如果得不到及时纠正，势必会影响党的工作，败坏党风政风，损害党群关系，破坏党的形象，对党的事业的推进造成严重影响。纠正不良会风的过程，亦即坚持问题导向、发扬斗争精神、直面顽瘴痼疾、树立优良会风的过程。毛泽东在工作中系统总结了党在长期实践中形成的优良会风，深刻剖析了不良会风的实质与危害。他从制度上、组织上和方法上提出了一些关于纠正不良会风、不断改进会风的具体做法。

加强党的制度建设，用制度规范开会。早在 1929 年 12 月，毛泽东在其负责起草的《古田会议决议案》中就提出了如何纠正极端民主化、非组织意识等党内不良作风的方式方法，其中就有涉及有关规范会议制度的内容，为纠正和改进会风指明了正确方向。通过对党的会议制度初步规范，开会时存在的自由主义、官僚主义等不良作风得到了进一步纠正。1948 年 9 月，毛泽东在为中共中央起草《关于健全党委制》的决定中，针对有些领导机关存在的“个人包办和个人解决重要问题的习气”，强调从建立健全党委制度、会议制度等方面加强党的领导。1949 年 3 月 13 日，在党的七届二中全会上，毛泽东指出，领导首先要想办法学习怎么开好会，“党委书记要善于当‘班长’”，“不去研究怎样把会议开好，就很难把这‘一班人’指挥好”；开会的目的就是要解决问题，有了问题“不要在背后议论。有了问题就开会，摆到桌面上来讨论，规定它几条，问题就解决了”；开会要先明确目的和内容，“要事先通知，像出安民告示一样，让大家知道要讨论什么问题，解决什么问题，并且早作准备……如果没有准备，就不要急于开会”；要合理控制会议时间，“‘精兵简政’……会议也不要开得太长”。这些关于开会的建设性意见，对纠正和改进会风起到了十分积极的作用。

重视调查研究，倡导求实会风。毛泽东认为，只有在充分调查研究基础上才能使工作向正确方向推进，才能摆正态度，提高认识，才能在开会中更加注重解决问题，从而避免形式主义、主观主义造成不良影响。他指出：“要是不做调查研究工作，只凭想像和估计办事，我们的工作就没有基础。”在长期开展调查研究的过程中，毛泽东总结出几点开调查会的方法：“要开调查会作讨论式的调查”，只有这样才能趋近于正确；要深切明了调查会到些什么人；要看调查人的能力，视情况决定开调查会的人数；调查纲目“要事先准备，调查人按照纲目发问，会众口说。不明了的，有疑义的，提起辩论”，调查纲目，“要有大纲，还要有细目”；“要亲身出马”，凡担负指导工作的人，“一定都要亲身从事社会经济的实际调查，不能单靠书面报告”；“初次从事调查工作的人，要作一两回深入的调查工作，就是要了解一处地方（例如一个农村、一个城市），或者一个问题（例如粮食问题、货币问题）的底里”；调查要自己做记录，把调查的结果记下来，假手于人是不行的。毛泽东重视调查研究，提倡用正确的方法开调查会，为纠正不良会风、改进会风作出了榜样。

充分发扬民主，善于正确集中。在1962年召开的七千人大会上，毛泽东指出，开会的方法问题，就是“先把报告草稿发下去，请到会的人提意见，加以修改，然后再作报告”，“这样，就更能充分地发扬民主，集中各方面的智慧”。这种开会的方法，是“一个民主集中制的方法，是一个群众路线的方法”。毛泽东在许多会议场合，都是充分发扬民主，让与会者畅所欲言，然后再集中大家的意见，作出结论。他还倡导不论党内党外，都要认真实行民主集中制，“要真正把问题敞开，让群众讲话，哪怕是骂自己的话，也要让人家讲”，广泛听取群众意见，用生动活泼和畅所欲言的良好会风来推动和改进党的工作。

注意总结经验，提高会议质量。在会议规格方面，他指出，不同的会议规格承载着不同的会议功能，需要根据实际情况选择合适规格。“大型会议、中型会议和小型会议，都是必需的”。在会议准备方面，他指出：“如果没有准备，就不要急于开会”，既要做好“安民告示”，也要事先准备好会议材料；“开会的方法应当是材料和观点的统一”，“要学会用材料说明自己的观点”，“在会上只需要拿出典型性的”，“解剖一个或者几个麻雀就够了”。在会议主题方面，他强调要聚焦中心、切合实际，每次会议“要有中心内容，要切切实实讨论工作中存在的为人民所关心的问题”。此外他还要求：会议语言要简明扼要、形象生动、贴近群众；会议时间注意每次会议时长，“不要开得太长”；会议频次不能太过频繁，“以免妨碍工作”；会议决议也不在于多寡，而在于管用；等等。

邓亦林　严姗红

毛泽东送给陕北公学的两件礼物

全民族抗战爆发后，中共中央在延安创办了一批学校，以培训来自五湖四海的大批革命青年，陕北公学就是其中之一。当时，延安有一句流行很广的话“武有抗大，文有陕公”，道出了抗日军政大学（简称“抗大”）和陕北公学（简称“陕公”）的重要地位。毛泽东曾这样评价陕北公学：“中国不会亡，因为有陕公”“陕公代表着全中国的统一战线，是中国进步的一幅缩图”。毛泽东先后十多次到陕北公学讲话，在第六次讲话中，送给陕北公学两件礼物：坚定不移的政治方向和艰苦奋斗的工作作风。

1938 年 4 月 1 日，陕北公学为第二期学员举行开学典礼，毛泽东应邀讲话。在讲话中，毛泽东指出：反帝反封建使中国独立自由，是我党的总政治方针；我们将来是要进入社会主义的，但这是第二步，现在的一步好比是中学，中学毕业后，才能升大学；我们过去几十万党员被杀，没有饭吃，过雪山草地，但始终坚持这个方向，因此在全国建立了信仰。

当时陕北公学有个别同学说，到延安没有学到什么，学到的不过是爬山而已。对此，毛泽东回答道，“还是爬一爬好”，“马列主义是头，爬山主义是脚”，这是理论指导实践，理论与实践结合，在这个意义上，爬山主义也是马列主义。不先爬爬山，怎能在中国实现民主政治?!

毛泽东借此告诫陕北公学的同学们，不要搞升官发财，不贪污腐化，不消极怠工，要讲真话做真事，还要不怕牺牲。

毛泽东语重心长地对同学们讲，今天陕北公学开学，我应当送点礼物。但是，我没有多少东西，只能送给你们两样礼物。第一件，是坚定不移的政治方向。第二件，是艰苦奋斗的工作作风。你们别的可忘记，但这两条是决不可忘记的，要发展到全国去，告诉全国人民，团结全国的人。只要我们有一个一致的政治方向，有艰苦奋斗的工作作风，而且坚持这一方向和作风，就可能把全国人民团结起来，就能战胜日本帝国主义。

不久后，毛泽东在这次讲话的基础上，增加了“灵活机动的战略战术”一句话，与此前他为抗日军政大学所题写的校训“团结、紧张、严肃、活泼”八个字一起，完整地规定了“三八作风”。

毛泽东送给陕北公学的两件礼物，尽管是为当时的革命青年提出的，但在今天仍不失其伟大的现实意义。我们要赢得具有许多新的历史特点的伟大斗争的胜利，实现中华民族伟大复兴的中国梦，仍离不了这两大“法宝”。

谢文雄

毛泽东1953年指导整治形式主义、官僚主义

1952年冬，来自中共山东分局和西北局的两份报告先后呈送中央，引起了毛泽东的高度重视。山东分局的报告说，此前开展的“三反”运动取得了显著成效，但县、乡基层组织仍明显地存在形式主义、官僚主义、命令主义等作风问题，表面上看工作步步推进，但实际上没能有效纾解群众的实际困难，省政府甚至积压了7万多件群众来信没有处理，给党群关系造成负面影响。西北局的报告则集中反映了区乡工作中的“五多”问题——任务多、会议集训多、公文报告表册多、组织多、积极分子兼职多，看似处处留痕，实际在很大程度上人浮于事、顾此失彼。

针对山东分局报告，毛泽东亲自为中央起草《关于反对官僚主义、反对命令主义、反对违法乱纪的指示》，并于1953年1月5日下发全国，要求各地结合具体情况查摆问题，先从处理人民来信入手切实整改。3月，毛泽东又指示将西北局报告转发各地，并亲自起草《关于解决区乡工作中“五多”问题的指示》，指出所谓“五多”实际上是党政组织在农村工作中“严重地脱离农民群众损害农民及其积极分子的利益的问题”，并要求必须在1953年内结合1月5日关于新“三反”的指示对“五多”问题进行深入整改。

为集中克服“五多”问题，在毛泽东的亲自指导下，党中央立即责成中央组织部、中央人民政府政务院及其所属财经、文教、政法三个委员会以及各中央局、分局、省市委及各级行政机关主管同志对“五多”问题加以清理。3 月 20 日，即整治“五多”指示发出的次日，毛泽东就叮嘱各部委负责同志，“用中央名义批发的电报不要太多了，非十分必要者不要批发”。6 月 20 日，毛泽东批示转发西北局关于整治“五多”问题的报告，指出克服“五多”问题不可能一蹴而就，各级党委应当将整改“当作一种经常的注意事项，不断检查、不断改进”，主要是“反掉错误的制度和领导方法，随时建立起正确的领导制度和方法，并使之巩固下去”。

由于“五多”中的每一“多”都不是孤立存在的，具体到各地情况又不尽相同，毛泽东多次强调，各地整顿要结合具体工作，结合自身实际。5 月 23 日，时任华北局农村工作部副部长的杨士杰在提交中央的报告中，反映了当时农村统计报表过多过滥的突出问题。毛泽东阅后称这份报告“极好”，并于 7 月 22 日将报告转发全国，要求各地结合本地具体情况，“迅即仿照华北局的办法对于统计报表问题指定专人加以调查分析，分别宣布停用、保留和改进，并规定简化报表及控制报表的可行办法，坚决制止滥发统计报表的严重现象”，同时结合“五多”中其他几方面作全面整改。1953 年下半年，毛泽东还围绕当时农村正在逐渐铺开的互助合作多次强调，农村各项工作要在保障农业生产这一中心工作的基础上立足实际、循序渐进，推进“五多”的整改要结合具体工作，切不可过多干涉、粗暴命令，以防滋生新的形式主义、官僚主义风气。

总的来看，在毛泽东的亲自指导之下，1953 年各地围绕克服“五多”弊病展开了有的放矢的专项整治，对以“五多”为代表的形式主义、官僚主义不良作风进行了有力的纠正，进一步巩固了新“三反”运动的成果，基层逐渐呈现政简民勤的新气象。

李炼石

毛泽东："你们要学刘宗敏，我劝你们不要学"

新中国成立后，毛泽东仍然过着简朴的生活，并时时以李自成的教训警醒党员干部。

1950 年 2 月，毛泽东访苏归来，到哈尔滨视察，被安排在颐园街 1 号的一栋高档别墅里休息。毛泽东看了看四周，说："这个地方不好啊，一个人住在这里，不沾染官僚主义才怪哩。"于是，他问松江省委负责同志现在是住楼房，还是住平房，负责同志回答说："住楼房。"毛泽东意味深长地说："我们进城了，不要忘记人民群众……可别上得楼来、下不得楼去，脱离人民群众啊。"

当晚，哈尔滨市准备了丰盛的晚宴，不光有大鱼大肉，还有熊掌、飞龙等珍稀美味。毛泽东看到这一桌菜后面露不悦，只吃了半碗米饭，就放下筷子。因为越南领导人胡志明在座，毛泽东当场没说什么，回到住地，对身边工作人员说："这样好的饭有没有必要啊？没有必要嘛！我们国家现在这么穷，搞得这么丰富干什么！你去交代一下，从明天开始，还按我们在家的标准去办。"

第二天，伙食变成家常饭菜，毛泽东脸上才露出笑容。后来，到沈阳视察时，饭菜比哈尔滨安排得还丰盛。毛泽东这下生气了，接见干部时专门就这个事提出批评。他说："我是不学李自成的，你们要学刘宗敏，我劝你们不要学。二中全会刚刚开完，就忘了。我们还要继续贯彻二中全会的精神。我们不能这样做。”

尽管对党风廉政建设形势的严峻性有所预见，但有些贪腐案件的恶劣程度还是超出了毛泽东的想象。1951 年 11 月，毛泽东以震惊、愤怒的心情，批转了中共河北省委和华北局关于大贪污犯刘青山、张子善严重罪行的报告。他严厉指出：“这件事给中央、中央局、分局、省市区常委提出了警告，必须严重地注意干部被资产阶级腐蚀发生严重贪污行为这一事实，注意发现、揭露和惩处，并须当作一场大斗争来处理。”

毛泽东没有因为刘青山和张子善曾对革命有功而手软，而是力主严惩，处以极刑。公审刘、张大会前夕，毛泽东表明了自己的态度：“我们坚决不做李自成！我不想做李自成。谁想做刘宗敏、牛金星，刘青山、张子善便是前车之鉴。”

王　颖

毛泽东家风家教二三事

领导干部的家风，不仅关系自己的家庭，而且关系党风政风。群众看领导干部，往往要看领导干部子女和亲属，往往从这里来判断领导干部是否廉洁奉公，进而来看党风廉政建设的成效。毛泽东同志曾给自己定下三条原则：念亲，但不为亲徇私；念旧，但不为旧谋利；济亲，但不以公济私。为中国革命和建设事业奋斗一生、奉献一生的毛泽东，在严格管教子女和对待亲属方面可谓身体力行、率先垂范，留下许多让人敬佩感怀的佳话。

“制度和纪律要做你的主！”

1948 年 5 月，毛泽东的长子毛岸英从山东参加土改后来到西柏坡，在中央宣传部任编辑助理。这时，革命烈士刘谦初的女儿刘思齐到西柏坡探亲。两个原本就已经认识的年轻人接触久了，相互产生了情愫。后来，随着感情日渐加深，两人都希望能早日完婚。于是，毛岸英和刘思齐就婚事问题去征求毛泽东的意见。

知道两人来意后，毛泽东表示都是革命家庭，志同道合，同意他们的婚事。谈话就要结束时，毛泽东突然问了一句刘思齐的年龄。之后，毛泽东沉默了片刻，对刘思齐说，你还不到 18 周岁，不着急吧，过几个月，满 18 岁再结婚吧。

刘思齐看向毛岸英。毛岸英表示同意父亲意见。两个人便起身离开了。

没过一会儿，毛岸英又回到毛泽东的住处。毛岸英低着头说：我想结婚后专心学习和工作，这样，就不必在这方面花费那么多时间和精力了。刘思齐年龄就差几个月，不是什么问题。毛泽东生气地表示：差一天也不行！按照解放区的法律，男满 20 岁、女满 18 岁才能结婚。毛岸英带着恳求的口气说：我自己的事情还是让我自己做主吧！毛泽东严厉地说：你找谁结婚由你做主，但是结婚年龄不到，你做得了主吗？制度和纪律要做你的主！

毛岸英没料到父亲会跟他发这么大脾气，带着一肚子委屈走了。几天后，毛岸英终于想通了，主动向父亲作了检讨，承认了自己的错误，并表示等革命成功以后再结婚。看到儿子终于明白过来，毛泽东表示很好，并称赞儿子是一个模范的守法者。新中国成立后，毛岸英和刘思齐举行了简朴而又庄重的婚礼。

毛泽东对子女的严格管束和严厉要求，不仅体现在涉及法律、规章等大是大非的问题上，也体现在对待日常生活中的小事小节上，有时甚至有些“不近人情”。

“谁叫她是毛泽东的女儿呢？”

1960 年冬天，正是国家经济最困难的时候。当时，毛泽东的女儿李讷在北京大学历史系读书，常常两三个星期才回一趟家。有一次，卫士尹荆山找了一个机会去看望李讷，见她脸色很不好，以为她是生病了。可一问才知道，李讷近几个星期一直在忍受饥饿的折磨。李讷觉得自己是一名共青团员，应该分担国家困难，就主动降低了自己的粮食定量，在学校报粮食定量时，只报了 27 斤。毛泽东知道这件事后还表扬了她。但是，忍受饥饿的考验绝不是报定量时想得那么简单。李讷上课时，肚子总是咕噜咕噜地叫，精神难以集中。尹荆山回来后，向卫士长李银桥报告了这个情况。后来，李银桥悄悄给李讷送去了一包饼干。然而，这样一次“特殊化”待遇，还是被毛泽东知道了。毛泽东严肃批评李银桥：“三令五申，为什么还要搞特殊化？”李银桥心里委屈，辩解说也有别的家长给孩子送东西的。毛泽东态度坚决地说：“我的孩子，一块饼干也不许送。”

不久后的一个星期天，李讷回到家里。饭桌上，毛泽东看见女儿吃饭时“狼吞虎咽”的样子：不仅饭菜吃得干干净净，连一片葱花也不放过，最后还要用馒头把盘子里的汤汁擦得一点儿不剩。尹荆山觉得李讷在学校太苦了，斗胆提出给孩子一些照顾，被毛泽东一口回绝。毛泽东还明确表示：李讷是学生，按规定，不该享受的就不能享受。“还是那句话，谁叫她是毛泽东的女儿呢？”

那时，李讷从北京大学乘公共汽车到中南海至少要换两次车，两头还要步行很长的路。有一个周末，李讷放学很晚。李银桥考虑到女孩子独自走夜路不安全，便瞒着毛泽东把汽车开到校外僻静处后，去宿舍悄悄把李讷叫出来，接回了家。李银桥认为这样做无人知晓，不会造成什么不良影响，但没想到还是被发现了，受到毛泽东的严厉批评。

作为亿万人民敬仰的伟大领袖，毛泽东不仅没有让自己的子女们得到过任何“特殊照顾”，反而经常告诫他们要夹着尾巴做人。毛泽东对子女如此要求，对待自己的其他亲属也是从未给予任何“特殊待遇”。

“完全和众人一样，不能有任何特殊”

毛泽东对家乡的亲朋故旧要求一向非常严格，不搞任何特殊化。早在1950年5月27日，毛泽东就致信湖南湘乡县县长刘亚南，对舅舅文家亲属的待遇问题表明了自己的立场：“至于文家（我的舅家）生活困难要求救济一节，只能从减租和土改中照一般农民那样去解决，不能给以特殊救济，以免引起一般人民不满。”

1954年，毛泽东的表侄文炳璋转业回到家乡，担任湘乡县石城乡武装部部长。到职后，他发现亲属中有人因去北京见过毛主席，开始说大话，有的甚至不大听从地方干部的管理，于是给毛泽东写信汇报情况。毛泽东看到文炳璋的来信后，非常重视，也非常生气，给湘乡县石城乡党支部和乡政府写了一封长信：

“我的亲戚唐家圫文家，过去几年常有人来北京看我。回去之后，有些人骄傲起来，不大服政府管，这是不对的。文家任何人，都要同乡里众人一样，服从党与政府的领导，勤耕守法，不应特殊。请你们不要因为文家是我的亲戚，觉得不好放手管理。我的态度是：第一、因为他们是劳动人民，又是我的亲戚，我是爱他们的。第二、因为我爱他们，我就希望他们进步，勤耕守法，参加互助合作组织，完全和众人一样，不能有任何特殊。如有落后行为，应受批评，不应因为他们是我的亲戚就不批评他们的缺点错误……并请你们将我这信及文炳璋的信给唐家圫的人们看，帮助他们改正缺点错误。”

毛泽东对亲属的严格要求，不仅体现了他对“一人得道，鸡犬升天”那些封建社会糟粕的深恶痛绝和坚决抵制，也生动诠释了他所倡导的“共产党员、党的干部、党的领袖应该有的性格和作风”。

“公者千古，私者一时。”在良好家风家教方面，毛泽东等老一辈革命家培育形成的红色家风，不仅彰显了中国共产党人的无私品格、高尚情操和革命风范，也成为我们党在百余年奋斗历程中能够不断凝心聚力、攻坚克难的红色基因。

王香平

周恩来与《共产党宣言》

1920 年 8 月，《共产党宣言》中文译本在国内问世，译者陈望道。对于这部中文首译本，周恩来给予了很高评价，他说：“我最早读到的陈望道翻译的《共产党宣言》，这个译本虽然有些缺点，但基本原理大体是正确的。”多少年之后，当长征结束周恩来在陕北接受埃德加·斯诺的采访时仍念念不忘：“在赴法国之前，我从译文中读过《共产党宣言》。”

1920 年 11 月，周恩来赴法国勤工俭学。到达法国后不久，周恩来又辗转去过英国、德国、比利时等国家。在那时，欧洲各国共产主义运动高涨。周恩来抓住马克思主义学说得到充分传播的有利条件，先后研读了英文版《共产党宣言》《国家与革命》等大量经典著作，订购多份英法等国的共产党机关报。结合对英法等国社会及工运现状的考察，周恩来对各种主义思潮反复对比，同时还不忘与国内好友通信探讨，最终认识到社会主义是历史发展的必然趋势，由此确定了个人的政治信仰。对于这段经历，周恩来后来回忆说：“在国内曾看到《共产党宣言》，在法国又开始读到《阶级斗争》（考茨基）与《共产主义宣言》，这些著作对我影响很大”，“所以很短时间内，即转变到马克思的唯物主义了”。

1924年，在第一次国共合作的大背景下，周恩来按照党中央的要求，回国参加革命。在漫长的革命生涯中，周恩来始终把《共产党宣言》当作贴身伙伴，学习它、宣传它、践行它，始终坚定信仰，坚守政治诺言，把自己的一生都无私地奉献给了党、国家和民族。

周恩来一生，不仅自己经常阅读《共产党宣言》，还不忘利用各种机会对外推荐它。在黄埔军校任职期间、北伐战争中、土地革命中，周恩来都积极在他所领导的军校学生、革命队伍、党员干部等群体中传播《共产党宣言》。长征期间，周恩来把《共产党宣言》放在随身携带的皮包中；抗日战争时期，周恩来依然没有放下对《共产党宣言》的学习和宣传，他还在做统一战线工作时，创造性地将《共产党宣言》送给宗教界等各界人士，推荐他们阅读了解；延安整风时，周恩来再次认真阅读博古校正版的《共产党宣言》，还工整地在封面签下个人姓名和阅读时间、阅读地点等重要信息。在德国特里尔的马克思故居纪念馆，有周恩来阅读信息的《共产党宣言》复制本被作为中国领导人赠送的国礼，永久地保留在那里。

对于《共产党宣言》，周恩来充满敬意和深情；对于它的中文首译本作者，周恩来同样如此。每次见到陈望道，周恩来都不忘与他交谈，谈谈自己的心得体会。1949年6月全国第一届文代会召开时，周恩来郑重地对参会的陈望道说："陈望道先生，我们都是您教育出来的。"1975年1月在四届全国人大一次会议上，周恩来又殷切地对陈望道说："当年长征的时候我就把《共产党宣言》当作'贴身伙伴'，如果能找到第一版本的《共产党宣言》，我真想再看一遍。""这是马列老祖宗在我们中国的第一本经典著作，找不到它，是中国共产党人的心病啊！"同年3月，周恩来在全国人大常委会会议期间再一次见到陈望道，他说："《共产党宣言》你是参考哪一国的版本翻译的？" 陈望道回答说："日文和英文，主要是英文。" 周恩来就用英文和陈望道交谈，并对《共产党宣言》英文版作了一些分析，此外两人还商讨了翻译上的一些问题。

在担任政府总理的 26 年中，周恩来始终注意把《共产党宣言》的基本原理运用于实践中。他在处理知识分子改造问题时，提出"马克思列宁主义的学习，对于确立知识分子的革命的人生观和科学的世界观，具有决定的意义"；他将《共产党宣言》排在推荐中央领导同志必读书的首位，希望大家都来阅读这部马克思主义的经典著作。

潘敬国　房震鹏

《我的修养要则》与周恩来的作风

1943年3月18日，是周恩来农历45岁生日。这天，南方局的同事们为他准备了茶点祝寿，但他并未出席，而是简单地吃了一碗面条，便回到办公室写下了这份《我的修养要则》，以明心志：

“一、加紧学习，抓住中心，宁精勿杂，宁专勿多。二、努力工作，要有计划，有重点，有条理。三、习作合一，要注意时间、空间和条件，使之配合适当，要注意检讨和整理，要有发现和创造。四、要与自己的他人的一切不正确的思想意识作原则上坚决的斗争。五、适当的发扬自己的长处，具体的纠正自己的短处。六、永远不与群众隔离，向群众学习，并帮助他们。过集体生活，注意调研，遵守纪律。七、健全自己身体，保持合理的规律生活，这是自我修养的物质基础。”

1942年2月，毛泽东在延安作了《整顿党的作风》和《反对党八股》两篇演讲，开启了整风运动。周恩来积极投入其中，并对“学什么”“怎么学”作了认真思考。他在《我的修养要则》第1条即提出“抓住中心，宁精勿杂，宁专勿多”的学习方法，这正是他对整风学习的认识过程的概括和总结。

1943年7月，周恩来回到延安参加整风运动。从11月15日起，他在整风学习会上接连作了 5 天报告，深刻地总结了过去的工作失误和不足，表示在今后“必须从专而精入手。宁可做一件事，不要包揽许多。宁可做完一件事，再做其他，不要浅尝即止。宁有所舍，才能有所取。宁务其大，不务其小。这样，做出一点成绩，才能从头到尾，懂得实际，取得经验”。这段话从另一个侧面也反映了周恩来通过整风学习，对工作方法问题的思考更加深入、全面和具体了。

把学到的知识运用到具体工作中，做到学以致用、学用结合，这是学习的最终目的和归宿。习近平总书记强调，“一切学习都不是为学而学，学习的目的全在于应用”，“领导干部加强学习，根本目的是增强工作本领、提高解决实际问题的水平”。学习和运用是密不可分的两个方面，周恩来在这方面给我们带了个好头。

搞好自我修养，也就是古人说的“修身”，是做好一切工作的基础。周恩来的自我修养标准之高、要求之严以及持之以恒，在党内是一个有口皆碑的典范。他的修养要则不是写给别人看的，而是切合自身实际、说到做到的修养指南。

周恩来一贯主张发扬长处、纠正短处，与不正确的思想意识作原则上坚决的斗争。在南方局整风学习期间，他曾多次主持会议讨论如何“自我反省，各人检讨自己的缺点”，以及“怎样对待错误的思想意识”。他曾联系自己的经历，严格剖析自己“由于母教的过分仁慈礼让”，“故对于党内错误路线的斗争，往往走向调和主义”。他还认为，领导干部应在自我批评方面起示范作用，“一个人或一个政党，如果不愿做反省功夫而自满自傲，不承认自己有任何错误和缺点，或者不善于看出自己力量之所在而害怕批评和自我批评，不敢正视错误和改正错误，那么，这个人和这个政党就一定不免于失败”。批评和自我批评，是中国共产党的思想法宝。一个光荣伟大的党、一个光明磊落的人绝不惧怕批评，更需要深刻的自我反省。能不能“真刀真枪”地开展批评和自我批评，是衡量一个共产党员党性的重要体现。周恩来是勇于进行思想意识改造和自我批评的模范，《我的修养要则》正是反映了周恩来的这一精神。

潘敬国　郑　超

周恩来：“要经常反省，与同志们交换意见”

勤于自省、敢于作批评和自我批评是周恩来一贯坚持和推崇的作风，是他加强自身修养和自我革命的重要途径。新中国成立后，周恩来高度重视运用批评和自我批评这一思想武器，把它融入党内生活之中、融入日常工作之中。他表示，“要经常反省，与同志们交换意见，经常‘洗澡’”，真诚而深刻直面问题。他以自己的实际行动践行了批评和自我批评的优良作风。

掌握好批评和自我批评这个重要武器。周恩来指出，“批评和自我批评，也是中国共产党领导中国革命成功的重要武器之一”，要把这个武器掌握和运用好。新中国成立后，周恩来从新的历史任务的高度，强调在全党开展批评和自我批评的重要性。他指出：“现在我们建立了人民的政权，共产党处在领导地位，又有新的历史任务要我们来完成，这就是建设新中国。在胜利以后，我们共产党所以重新提出批评和自我批评，就是要使得胜利了的党，处在领导地位的党，不要有任何骄傲，不要有任何自满，这是非常必要的。”

周恩来还倡导将批评和自我批评贯彻到全党乃至每一位共产党员的日常行为和组织生活中。1955 年 3 月 21 日，中国共产党召开全国代表会议，周恩来指出："我们应该把这种批评与自我批评的精神贯彻到全党。"他强调，作为一名共产党员，批评和自我批评要有勇气和诚意，态度要端正。"我们共产党人要有勇气面对真实，面对错误。有错误就不怕揭露，就勇于承认和改正。""犯了错误，不要当作包袱，要把它丢开。丢开了还不算，还应该公之于众，作自我批评。这不仅可以教育自己，同时也能帮助别人少犯这样的错误。"他还强调，批评和自我批评最后还是要落实到行动上，承认错误后要及时改正。"只承认错误，不去改正，还是空话，凡是党和政府方面犯的错误都要改正。改要有实际行动。"在毛泽东、周恩来等的倡导和带领下，全党形成了批评和自我批评的良好氛围。

领导干部要带头进行批评和自我批评。周恩来认为，作为一名领导干部，应该经常反省自己的缺点。"缺点和错误的改正要从领导做起，首先领导上要自我批评，要多负一些责任，问题总是同上面有关系的"，"领导者要有自我批评精神，不是层层对下批评"，"开展批评与自我批评，关键所在，是要反对骄傲和自满。这一点，对于一个胜利了的党、执政的党，尤其是党的领导干部来说，更应当引起警惕"。1954年2月，周恩来在参加党的七届四中全会发言时说："要在高级领导同志中间加强集体生活，开展批评和自我批评，来保证我们党的团结。"1962年2月，在七千人大会福建小组会上，周恩来在检讨对经济工作指导中存在的问题时说："我们检讨的原则是：肯定成绩、前途光明；坚持真理，修正错误。是从有利于工作出发，有利于事业前进出发。"检讨的方法是批评和自我批评。他要求领导干部在开展批评和自我批评过程中，"对自己应该自勉自励，应该严一点，对人家应该宽一点，'严以律己，宽以待人'"，批评和自我批评，应该"从我们这些人做起，要允许批评，允许发表不同的意见”。他指出，批评应“从团结的愿望出发，经过适当的批判或斗争，在新的基础上达到团结。同时批评要注意场合，要心平气和，摆事实，讲道理”。他认为，改正工作中的缺点和错误要从领导做起，不光要带头批评和自我批评，还要有责任帮助有关人员克服缺点错误。

对自己严格要求、以身作则，关键时刻敢于担责、维护大局。周恩来用模范的行为诠释了批评和自我批评的内涵与价值。在日常工作中，他经常作自我批评，对自己严格要求，以身作则。1960年3月，周恩来从南方出差归来，发现身边工作人员趁他离京期间对西花厅进行了维修，当晚就拒绝入住，并要求把屋内陈设全换成原来旧的，才回来居住。他说：我要求勤俭节约，自己没有做到。他还对身边工作人员说：我身为总理，带个好头影响一大片，带个坏头也会影响一大片。1961年7月，周恩来在上海与文艺工作者座谈时，有人提议他把自己的一生写成一本书。周恩来答道：“如果我要写书，我就写我一生的错误。但这可不是卢梭的《忏悔录》，而是要让活着的人都能从过去的错误中吸取教训。”

周恩来从大局出发、时刻维护党的团结，主动承担责任，从不居功自傲。在关键时刻和关键问题上，他都能够敢于承担责任，首先作自我批评，彰显了一名伟人的崇高品格和高风亮节。在1962年1月召开的七千人大会上，周恩来对工作中的缺点和错误主动承担了责任。他情辞恳切的自我批评，减轻了中央各部门和地方的压力，同时也为全党作出了表率，带动了各部门、地方作自我批评，汲取经验教训，使全党达到了空前的团结。

张 谨

周恩来：过好“五关”

1963年1月28日，周恩来在出席中共上海市委召开的各界民主人士春节座谈会时首次提出，大家为实现我国“四个现代化”的目标要过好思想、政治、生活、家族和社会“五关”。5月29日，他在中央和国务院直属机关负责干部会议上再次就过好“五关”问题作报告，号召领导干部要认真对待，严格要求自己，一步一步地过好“五关”。此外，周恩来曾多次在不同场合，对文艺工作者、青年学生、亲属等不同群体讲到过好“五关”的问题。

过好思想关是第一关，就是解决“总开关”的问题。周恩来认为要过好思想关，就必须进行思想改造。他以自身为例，坦言自己出身于封建官僚家庭，“受过封建教育”，“拜过‘天地君亲师’”，但是他在长期革命生涯中始终坚持思想改造，始终保持着共产党人的理想信念和优良作风。他告诫同事：要经常反省，与同志们交换意见，经常“洗澡”。要把思想改造看成像空气一样，非有不可。不仅如此，周恩来还认为进行思想改造，过好思想关，是终生的事情。他强调，思想改造“这是一辈子的事”，他常说，“一个共产党员如果以为自己改造完成了，不需要再改造了，他就不是好的共产党员”。周恩来为自己立下“活到老，学到老，改造到老”的座右铭，并用一生的实际行动实践了自我革命、永远奋斗的誓言。

过好政治关，“党的立场就是领导干部的立场”。讲政治是马克思主义政党的灵魂和根本，政治立场是共产党员的根本准则和首要品质。在周恩来看来，考察一个人的政治立场不能仅看是否参加过革命、打过仗、立过功，党员干部的政治立场“一定要在长期斗争中才能考验出来”，同时还要看“工作态度、政策水平、群众关系，看我们的党性”。党领导人民治国理政，最重要的就是坚持正确政治方向，始终保持我们党的政治本色。怎样做到旗帜鲜明讲政治？周恩来言简意赅地指出了讲政治的本质要求。

过好社会关，“共产党人必须做改造社会、改造世界的担当者”。敢于担当是中国共产党人的优秀品质。新中国成立初期，党和政府对各种社会弊病进行了坚决的斗争和扫除。周恩来十分清醒地认识到，旧的封建的资本主义的习惯势力，很容易影响人。周恩来发出了令人深思的提问：是你影响它，还是它影响你？他得出的结论是：你改造了它，它又影响了你，互相改造，这是个长期的反复的斗争。人类社会总是浩浩荡荡地向前发展，但在历史的发展中也不免泥沙俱下。回答周恩来“你影响它，还是它影响你”的时代之问，需要每一位党员时时刻刻把使命担在肩上、把责任放在心上，只有这样，才能过好社会关。

过好亲属关，领导干部要“做出一点表率来”。领导干部的家风，不仅关系自己的家庭，而且关系党风政风。周恩来严格要求自己的家人和亲属，给亲属制定了“十条家规”。他特别告诫家属尤其是晚辈，在任何场合都不许打总理亲属的招牌，不要说出同他的亲属关系。周恩来说，“我身为总理，带一个好头，影响一大片；带一个坏头，也会影响一大片”。对此，周恩来的侄子周尔均谈到：

伯伯对我们的要求“看似无情胜有情”，“他对我们晚辈的严是一种真正的爱，发自内心的爱”。

过好生活关，坚持物质生活和精神生活协调发展。领导干部树立和发扬好的作风，就要加强党性修养，坚定理想信念，提升道德境界，追求高尚情操，自觉远离低级趣味，自觉抵制歪风邪气。周恩来认为，生活关是“最难过的关，在生活实践中要劳动，就可能锻炼自己”。当工作人员看到周恩来的衣服过于陈旧给他买了新衣服时，周恩来坚决反对，并坦率地表示，六七亿人口的中国就一个总理，再穷也不缺那几身新衣服，但问题不是缺不缺衣服，我这样做不光是一个人的事，而且是提倡节俭、不要追求享受，提倡大家保持艰苦奋斗的共产党人本色。培养高尚的道德情操和健康生活情趣，才能始终保持蓬勃朝气、昂扬锐气、浩然正气，周恩来用自己的模范行为和高尚人格感召着干部群众，引领着社会风尚，也流传下“人民总理人民爱、人民总理爱人民”的佳话。

周恩来过好“五关”的论述对党员干部有着振聋发聩的影响。在周恩来逝世3周年时，曾担任国务院副总理的习仲勋在《永远难忘的怀念》一文中仍无法忘记周恩来当年的教诲：“恩来同志经常用他的亲身经历引导知识分子走与工农兵相结合的道路，鼓励他们要过好政治、思想、生活、家庭和社会五关，不要恋旧，犯了错误就要忍痛割瘤子。”时代发生了变化，但加强共产党员的党性修养、加强党的自身建设始终是我们党实现自我革命的重要要求。

潘敬国　陈光辉

向周恩来学习工作方法

作为毛泽东宏阔战略的主要执行者，周恩来积累形成了许多宝贵的工作方法。以史鉴今，学习周恩来的工作方法，对我们在新征程上团结奋斗、做好工作有重要参考价值。

面对前途方向，善于把握大势。周恩来青年时曾在日本、欧洲求学考察。旅欧期间，周恩来通过总结中国的革命运动、巴黎公社和十月革命的经验、教训，得出这样的结论："在世界帝国资本主义和军阀的支配之下"的中国，"真正革命非要有极坚强极有组织的革命军不可，没有革命军，军阀是打不倒的"。比较早地提出了以武装斗争夺取胜利的革命道路。新中国成立后，周恩来指出"中国一百年来的外交史是一部屈辱的外交史"，新中国的外交工作"要有独立的精神，要争取主动，没有畏惧，要有信心"，"急于要这个承认、那个承认，那是旧观念。要有些气概，才能把这个关系摆好"。新中国一开始就以独立自主、热爱和平而又不畏强暴的面貌屹立在世界东方。

面对矛盾冲突，善于灵活应对。面对工作中出现的矛盾冲突，周恩来强调"要坚持原则，但方法要机动灵活，以求达到成功"。新中国成立前夕，面对外交工作中可能出现的打压、抵制，周恩来起草了《中共中央关于外交工作的指示》，要求在原则上坚持“帝国主义在华的特权必须取消，中华民族的独立解放必须实现，这种立场是坚定不移的”。在具体执行上，则要求“应按问题的性质及情况，分别处理”。为了发展对外贸易、打破帝国主义国家对新中国的封锁禁运，在执行“一边倒”外交政策不动摇的基础上，周恩来指示有关部门，租用外国船只，开展内河运输，以解决运力不足问题；从西方国家进口铝和铅等物资；可大量供给私商外汇，鼓励他们输入汽车、汽油、铁路设备等；利用资本主义国家间的相互矛盾，有区别地开展贸易往来。

面对不同意见，善于虚心倾听。在工作中，周恩来特别注意听取各方面意见，正如他所强调，“我们管理着这样大的一个国家，就要注意听取各种意见”。新中国成立后，为扩建天安门广场、修建人民英雄纪念碑，周恩来指示有关部门征求各方面意见。爱国民主人士朱启钤就提出“天安门广场的周围，不要修建高于天安门城楼的建筑。扩建广场，移动华表时，要注意保护”等意见，都大体得到了采纳，得以形成如今天安门广场的基本格局。1961 年 5 月上旬，周恩来到河北省武安县伯延公社进行调查，社员张二廷坦率指出粮食征购问题，之后又将公社遭受的灾情和公共食堂等方面所存在的问题如实指出。当地干部说这个人是落后分子，周恩来却说：“这是一针见血的话。”直到“文化大革命”前，周恩来年年都派人到伯延调查，并且代表他看望这位敢说真话的农民朋友。

面对批评失误，善于反思总结。周恩来终其一生都在“戒慎恐惧地工作”，总是及时反思过错、总结教训。1972 年尼克松访华游览长城，那一天天气十分寒冷，却有很多身穿彩衣的小朋友在长城上打球、跳绳、听收音机。对此，美方随行记者报道：中国人“演了一场戏来给我们看”。周恩来知道后，坦诚地向尼克松表示：“我们有些做法比较虚假，是形式主义。”多年后，尼克松在回忆录中写道：“周恩来的精细的自我批评”，是他“成熟的自信心的明证”。

面对内外矛盾，善于维护团结。在工作中，周恩来坚持“团结所有能够争取的人”，即使面对曾经的敌人，只要对民族、对国家有利，周恩来也会化干戈为玉帛。20 世纪 30 年代初，时任国民党特务机关负责人的张冲炮制出“伍豪事件”，污蔑周恩来。但是在抗日战争中，周恩来豁达大度、不咎既往，与担任国民党谈判代表的张冲建立了良好的合作关系，“由公谊而增友谊”。张冲也置顽固派的攻击于不顾，多次真诚地对我党工作施以援手。1941 年 8 月，张冲病逝，周恩来送去“安危谁与共？风雨忆同舟”的挽联，在追悼会上致辞时，说到动情处，几度哽咽。他还在当天《新华日报》头版发表亲自撰写的《悼张淮南先生》。周恩来这种诚挚的感情，也使国民党中一些人士受到感动。为团结广大党外人士，周恩来指出：“应该在千军万马中敢于与人家来往，说服教育人家，向人家学习，团结最广大的人们一道斗争，这样才算有勇气，这种人叫作有大勇。”

面对形势变化，善于蓄势应对。1955 年 4 月，周恩来率领中国代表团参加在印度尼西亚万隆召开的亚非会议。18 日会议开幕后，周恩来不急于发表意见，当天下午，有代表发表攻击共产主义的言论；第二天上午会议快结束时，又有人不点名地猛烈攻击共产主义。这时候，周恩来决定把原来准备好的发言稿改作书面发言散发，另作一个补充发言。上午散会后，周恩来口述、随从人员笔录，只用了大概一个半小时就完成了补充发言稿。在下午会议的发言中，周恩来开门见山地指出："中国代表团到这里来是为了寻求团结，而不是为了争吵。""我们应该寻求我们的共同基础，同时保留我们的不同点。"他还围绕两天来会议上有人提出的问题，有的放矢地阐明了中国政府的立场和政策，并诚恳邀请："中国俗话说：'百闻不如一见'。我们欢迎所有参加这个会议的国家的代表随便什么时候去访问中国。"他一讲完，全场立刻响起了长时间的热烈掌声，大会气氛陡然变了。

面对复杂局面，善于求真求实。周恩来年轻时就曾自我评价"求真的心"极盛。由于看到大好形势下开始出现"盲目冒进"苗头，1956 年 1 月 20 日，周恩来在知识分子问题会议上作结论时提醒大家：在经济建设中，不要做那些不切实际的事情。2 月 8 日，在国务院第二十四次全体会议上以更加郑重的态度叮嘱大家：热火朝天很好，但应小心谨慎。我们要使条件成熟，做到"瓜熟蒂落，水到渠成"。1956 年 7 月起，周恩来主持制定国民经济发展的第二个五年计划，指导有关部门反复算、改、写。1960 年 6 月，中央在上海召开政治局扩大会议，会议期间毛泽东反思"大跃进"中的失误，在《十年总结》一文中写道："一九五六年周恩来同志主持制定的第二个五年计划，大部分指标，如钢等，替我们留了三年的余地，多么好啊！"

面对关键当口，善于把握细节。在多年工作中，周恩来养成了举轻若重、细致入微的严谨作风。1954 年日内瓦会议上，中国代表团为外国记者举行电影招待会。周恩来特别交代：要选好放映日期，不要在开会的日子，也不要在周末；请柬分成两种，一种指名邀请，一种不写名字，以便于让中国台湾、南越、韩国以及不便邀请的美国记者自取；放映《梁山伯与祝英台》时，请柬写上“请你欣赏一部彩色歌剧电影——中国的罗密欧与朱丽叶”。此次活动大获成功，增加了外界对新中国的了解。

路 军

刘少奇：“为了用才去学习”

刘少奇善于向理论学习，也善于向实践学习，更善于把这两方面的学习结合起来。在他看来，“仅仅读了几本书，有了一些理论知识，并不等于就有了理论。读了书，增加了一点理论知识，这只是有了运用理论的可能”。共产党员“学习马克思列宁主义，学习高深一些的理论”，不是为了将来“提高自己的地位”，而是“为了用才去学习”。所以，理论学习必须结合实践来开展。正如他的夫人王光美所说：“刘少奇往往是先下去听汇报、调查研究，把实际中遇到的问题提到原则的高度，用马克思主义的立场、观点做出回答，形成正确的理论。他的一些重要文章和报告，往往都是这样写成的。”

1936 年春，党中央决定派遣具有丰富白区斗争经验的刘少奇去领导北方局工作，以扭转党在白区工作的不利局面。由于北方局长时间和长征中的中共中央失去联系，对于瓦窑堡会议提出的“建立最广泛的抗日民族统一战线”等重要决定并不了解，“打倒一切，拒绝合作，斗争到底”的思想仍占据着许多北方局干部的思想。为了彻底肃清“左”的影响，整顿和恢复北方地区党的组织工作，刘少奇经过一段时间的调查研究，创造性地把马列主义与现实斗争情况相结合，撰写了《肃清立三路线的残余——关门主义冒险主义》《关于白区职工运动工作的提纲》《人民阵线与关门主义》《论合作抗敌的一封信》《肃清空谈的领导作风》《公开工作与秘密工作的区别及其联系》等文章，有力地教育了广大干部，指导了白区的斗争工作。经过努力，北方白区工作出现了新气象。但刘少奇关于白区斗争理论的思考并没有停止，相继撰写了《所谓具体领导》《把一般的原则与现实生活中的具体问题联结起来》《怎样进行群众工作》等一系列文章。特别是《关于大革命历史教训中的一个问题》等长信，引起了党中央的高度重视。两个月后，一场专门研究白区工作的会议在延安正式召开，刘少奇受中央委托作了《关于白区的党和群众工作》的报告。这个报告着重批判了党内白区工作中长期存在的“左”的错误，阐明了彻底转变白区工作的必要性和艰巨性，是对白区工作深刻生动的总结，成为我们党指导白区斗争的重要思想和历史性文献，推动了白区工作稳步向前发展。

从上面这个例子不难看出，刘少奇学习理论不是单纯的研究学问，而是为了解决实践中的问题。而实践不仅是理论学习的目的，更是加强理论学习的重要一环。在实践中发现问题，针对现实需要，再到马克思主义经典著作中找立场、观点、方法，认真思考怎样把二者结合起来，这就是他坚持“用”字诀学习理论的方法路径。在刘少奇看来，只有在处理实际问题时，“用所学到的马列主义的立场、观点、方法，去观察、分析、处理，并且要处理得不错。这样才叫做有了一些理论”，才算学到了理论。

张 美

刘少奇：“一切工作都要走群众路线，都要有群众观点”

1937 年 7 月 7 日，日本侵略军悍然发动卢沟桥事变，全民族抗战爆发。在中华民族生死存亡的关头，国共两党重新合作，抗日民族统一战线正式形成。把群众紧密团结在中国共产党的旗帜下，坚持全面抗战路线，要求我们党更加深入系统地思考党群关系和群众工作。刘少奇站在党的全局工作的高度提出，“一切工作都要走群众路线，都要有群众观点”，系统阐释党的群众观点和群众路线，思考在全面抗战中如何做好抗日根据地的群众工作。

1942 年，根据党中央指示，刘少奇从华中返回延安。在途中，他代表中央调查并解决山东军政领导人在反“扫荡”策略和群众工作等问题上产生的分歧。经过半个多月的调查研究和认真分析，刘少奇敏锐地发现，党内对群众工作的重视程度还不够，有些地方工作仍存在着轻视群众、脱离群众的倾向。他指出，山东分局群众工作中存在的最大问题，就是“群众观念非常薄弱，不知道依靠广大群众，不重视群众工作，轻视工农分子，把群众团体干部看为第四等人”，导致山东的农民群众的革命积极性不高。为了纠正山东地区群众工作的弊端，他在山东干部会议上作了《群众运动问题》等报告。他严肃指出，“脱离群众是共产党最危险最严重而最应该受到责罚的事情”，“我们脱离了母亲——群众，就会同安泰一样，随时可被人勒死。这个观点就应该在我们党中坚强地建立起来”。他详细介绍了华中抗日根据地的经验，并对如何做好群众工作作了进一步阐述。刘少奇一边通过党刊党报指导减租减息运动，一边深入群众实地调研，指导群众工作，有力地扭转了山东地区群众工作的被动局面。

1944 年 2 月 24 日，中央书记处会议讨论了关于七大的准备工作。会上决定，由刘少奇在七大上作组织问题（包括党章修改）报告。为了使党章能最大程度体现党的群众路线，刘少奇多次阐释了这一问题。1944 年 5 月，刘少奇在西北局召开的群众工作座谈会上提出，“做群众工作的同志首先要对群众负责，不要把对党负责与对群众负责对立起来，对群众负责就是对党负责”；1944 年 10 月，刘少奇为中央派往外地干部作报告时强调，树立群众观点是很重要的问题，“我们党的一切事业都是群众的事业，都是为了群众，为了工农兵，为了人民，我们做工作就是为群众服务”；1945 年 3 月 7 日，刘少奇主持召开党章座谈会，广泛吸取各方面的意见；1945 年 3 月 31 日，刘少奇在六届七中全会上对制定新党章的原则作了说明，他指出，新党章“保证党与广大群众联系的群众路线；加强和扩大党内民主，也就是党内的群众路线，领导骨干与广大群众相结合”。

1945 年 5 月 14 日、15 日，刘少奇在党的七大作了《关于修改党章的报告》(即《论党》)。这是一篇以马克思主义的立场观点方法，总结中国革命的实践经验，深刻阐述党的群众路线的经典文献。他在《论党》中指出：“密切联系人民群众的路线，就是党的群众路线"，党的政治路线和组织路线，"都应该是正确地从群众中来的路线，又正确地到群众中去的路线"。为了能够全面贯彻党的群众路线，他提出，"一切为了人民群众的观点，一切向人民群众负责的观点，相信群众自己解放自己的观点，向人民群众学习的观点，这一切，就是我们的群众观点，……有了坚固的明确的这些群众观点，才能有明确的工作中的群众路线，才能实行正确的领导"，"一切工作都要走群众路线，都要有群众观点"。对党的群众观点和群众路线的系统阐释，体现了刘少奇对群众工作的重要思考。

王 倩

刘少奇："调查研究是做好工作的最根本的方法"

刘少奇非常重视调查研究，屡次强调"调查研究是做好工作的最根本的方法"。他在基层调研，不讲排场，不摆架子，平易近人，与群众打成一片。

1961年，我国面临经济困难，为探究困难之因，扭转困难之势，刘少奇响应毛泽东大兴调查研究之风的号召，回到家乡湖南省宁乡县和长沙县进行为期44天的调查研究。这次调研，他特别强调一切从简，减少陪同人员，不搞任何特殊待遇。他说："这次回乡调查一定要采取过去打游击的办法，一切轻车简从，只要一辆吉普车，一定要以普通劳动者的身份出现。" 4月2日，一辆普通的吉普车承载着刘少奇开始了他的调研之旅。故乡的乡间小路坑洼不平，泥泞不堪，吉普车在雨中艰难前行，但这丝毫没有阻挡他深入调研的决心。

在调研过程中，刘少奇不让社队干部陪同，带着秘书直接来到生产队，请社员座谈。他深知群众不敢说真话的顾虑，于是在一次座谈会上，他摘下青呢帽，露出满头银发，用地道的宁乡腔诚恳地说："我是向大家求教的。希望大家帮助我，向我提供真实情况。"他的真诚打动了在场的每一个人，大家逐渐放下心中顾虑，纷纷向他倾诉生活中的困难和问题。

刘少奇调研细致入微，他挨家挨户到社员群众中摸情况，揭开锅盖看农民吃的食物，打开油盐坛子查看是否有油盐，还亲自品尝农民充饥食用的野菜、糠粑粑。他看到许多社员因为吃代食品得了水肿病，十分痛心。通过与群众心贴心的交流，他向毛泽东汇报了此次调研的真实情况，并提出一系列切中时弊的意见建议，为中央调整政策提供了重要依据。

除了这次调研，刘少奇在日常工作中也始终践行着轻车简从的原则。他经常以普通群众的身份，深入工厂、农村、学校等基层单位。每次外出，他都要向身边的工作人员重申自己订的"四不准"，自己严格遵守并督促工作人员执行相关规定。刘少奇外出要坐专列火车。每到一个地方，人家总是安排他住到高级宾馆去。他为了少给地方添麻烦，有时吃住都在火车上。1959 年，他到济南视察工作时对身边工作人员说："请他们到车上来吧，我不下去了；一下去，人家又要招待、找房子、安排饭，太麻烦，又浪费钱。"1961 年，他去东北大小兴安岭视察林区，前后一个多月，一直都吃住在火车上。

张文良

空谈没有好处，只有坏处
——再读刘少奇《肃清空谈的领导作风》

1936 年春天，刘少奇到达天津，以中共中央代表身份主持中共北方局工作。他发现“我党北方的组织中，存在着严重的空谈主义”。当年 7 月 15 日，他写下《肃清空谈的领导作风》对空谈主义进行了严厉的批判。这篇文献专门把作风建设提出来，首次提出“领导作风”和“工作作风”概念，是一篇关于党的作风建设特别是党的领导作风建设的重要文献，对我们党今天力戒形式主义、官僚主义，有着穿透时空、历久弥新的重要意义。

内容非常空泛与不清楚——精准刻画空谈主义的画像

界定空谈主义的存在范围。刘少奇写下这篇文章时，党刚刚结束一段长期的“左”倾错误统治，还没有彻底摆脱影响，一些误伤无辜和随意扣帽等错误做法仍然存在。批判空谈主义的范围如果搞错或扩大，不仅无法正确肃清空谈主义，甚至可能会导致空谈主义更甚乃至于成为“左”的错误的新武器。因此，刘少奇首先对空谈主义的存在范围进行了界定，将批判的矛头精准对准了领导层。

描述空谈主义的具体表现。刘少奇指出，空谈主义“特别长、重复、乏味”“内容非常空泛与不清楚”“公式化、刻板化”。这些表现有的是文字形式的，有的是人的思想理念和做派的。他的描述言简意赅、生动形象，三言两语就使空谈主义的模样跃然纸上，使人们直观地了解了空谈主义的样貌。

指出空谈主义的依托载体。刘少奇指出，空谈的领导方式广泛地存在于“一些带指示性质的文章、信件、工作报告、政治报告”。依托这些，空谈主义名正言顺、堂而皇之地广泛传播，渗透到党的工作各个方面，侵袭到党的组织和广大党员，使党受到滋扰。

空谈没有好处，只有坏处——深刻分析空谈主义的危害

空谈主义对党是全局性危害。刘少奇认为，空谈主义“几乎已是北方我党工作的主要障碍。不肃清与改变这种空谈主义，我党的组织和工作是不会活跃起来、开展起来的”，清晰地指出了空谈主义危害的严重性，不能不引起党的高度重视。

空谈主义使说的人说不清，看的人看不懂。它使人无法抓住事物的本质，无法把握事物之间的关系，更不可能真正领会理解党的策略和决议的精神实质。使得党的主张和指示无法正确向下传达，党员们也无法准确领会党的目标和意图，出现上下脱节和各行其是，其危害是不言而喻的。

空谈主义使党内的政治氛围和工作风气“死气沉沉”。空谈主义的领导方式伴随着命令、指示、报告传递，晦涩空洞又不容商量，使党内的政治氛围变得压抑。“本来是很活泼有生气的同志，一经过这些空谈家的责骂和搬弄之后，就变成了像失掉灵魂和前途的人一样”。党员们的工作重点变成如何应对指令，主动性、创造

性逐渐消磨乃至殆尽，工作风气会变得僵化、被动，大大削弱党的战斗力。

改变空谈的工作作风与空洞的领导方式——提出克服空谈主义的举措

加强锤炼实事求是这一最大的党性。习近平总书记指出：“实事求是就是最大的党性。”克服空谈主义就要实事求是。刘少奇虽没有提出实事求是这一概念，但他强调：“领导同志们绝不要空谈。你们应该客观些、细心些、诚实些，有什么你们就说什么，懂得，你们就说懂，不懂得，你们不要说懂。你们应该特别虚心学习，把你们还没有把握没有了解清楚的问题，用各种方法去弄清楚。不要在你们自己还没有弄清楚的问题上教训别人，指导别人”，其要求中体现着实事求是的追求，体现着要注重锤炼这个最大的党性。

“把目前的形势和党的策略任务详细研究清楚。”这就是“知己知彼”。党的策略任务就是“己”，目前的形势就是“彼”。知己知彼，自然就迈出摆脱空谈的第一步。“用一番功夫去研究党的决议和文件”。“每一个同志就应该把这些详细地研究清楚”，不能“用官僚主义与空谈的态度来对付党的决议”，真正理解党的任务、策略，党员们才能正确地加以贯彻执行，正确地推进各方面工作，这样就能摆脱空谈，把党的政策落在实处。

“少采取指示与命令的方式，多采用提议、建议与讨论的方式。”刘少奇认为“与其对下面指导错了，不如少去指导还好”“绝对的东西应该少一些，多留一些回旋的余地”。实际上不论上下，人对事物的认识都需要不断深化，且下面的同志往往更前沿、更直接地接触事物，可能在一些认识上更全面，对事物的发展变化感知也更及时。刘少奇的要求，既体现我们党的民主领导作风，也更加符合马克思主义认识论。

具体问题，具体分析。空谈主义往往采取“一刀切”的态度和做法，使得党的各项政策无法落地。刘少奇指出，“总任务与总策略是一个，但一到实际工作上，各地方各部分就各有不同”。他列举了农民和平津学生觉悟程度不同这一变量，提出对于不同群众需采取不同的发动方式。党的文件也不应直接搬用，需要在领会精神实质的基础上灵活地“拿到各种不同的环境中去运用”。当我们能够针对各种特殊情形，采取不同的方针策略，也就与空谈主义分道扬镳了。

桑 田

刘少奇：经济建设道路“不要去套书本子”

新中国的成立，为中国工业化的实现奠定了重要基础。但在中国这样一个经济文化落后的东方农业大国，应该怎样进行经济建设？走一条什么样的工业化道路呢？刘少奇强调，世界历史上只有两条国家工业化的道路：一条是“资本主义的国家工业化的道路”；另一条是“社会主义的或人民民主主义的国家工业化的道路”，“这是我们应该采取并且必须采取也能够采取的道路”，“除此以外，是没有第三条路的”。在道路选择伊始，刘少奇就指明了中国现代化建设的根本方向。

刘少奇认为，新中国成立后的经济条件、政治条件、国际条件与十月革命时的俄国和第二次世界大战以后的东欧国家都有很大不同，因此，经济建设道路不能照搬苏联和东欧的经验，“不要去套书本子”。刘少奇对新民主主义经济进行深入研究，提出比较完整的新中国经济构成和经济建设方针的设想，为擘画新中国建设蓝图做了重要理论准备。比如，他强调：向社会主义过渡不能操之过急，“这种过渡所需要的时间，将比东欧、中欧各人民民主国家长得多”，要在新民主主义经济的发展中，有秩序、有步骤地完成社会主义改造和国家工业化，等等。这些具有鲜明特色的理论探索，为社会主义初级阶段理论的提出和中国特色社会主义道路的开拓提供了重要启示。

物质富足、精神富有是社会主义现代化的根本要求。刘少奇强调:“提高生活水平，过富裕的和有文化的生活。这是全国最大多数人民最大的要求和希望，也是中国共产党和人民政府力求实现的最基本的任务。”实现这一目标，必须把经济建设放在党的全部工作的中心位置。1949年6月，刘少奇在一份党内报告提纲中指出:“今后的中心问题，是如何恢复和发展中国的经济。”1958年3月，刘少奇再次强调:“现在全国人民和党的主要任务，就是尽快地发展生产力。”

“按经济办法管理经济”，是刘少奇从我国的具体国情出发，为寻找现代化建设新模式进行的深刻思考和探索。刘少奇尊重价值规律，注意发挥市场、价格对经济的调节作用。早在新中国成立前夕，他就提出，在与资本家的竞争中，“谁领导了市场，谁就领导了国民经济”。在社会主义制度确立后，他主张要“利用自由市场”，“一方面自由市场可以补充当前我们社会主义经济的不足，另一方面它可以帮助我们在经济上搞多样性和灵活性”，等等。这些意见都反映了刘少奇的远见卓识，为社会主义现代化建设积累了宝贵的经验，也为党的十一届三中全会以后经济体制改革提供了有益借鉴。

刘少奇认为“民主化与工业化是不能分离的”。刘少奇强调，“我们必须更加发扬人民的民主，扩大我们国家民主制度的规模”，并为建立健全民主制度作出不懈探索。他是新中国第一任全国人大常委会委员长，投入很大精力去完善人民代表大会制度。刘少奇还致力于通过完善社会主义法治来保障人民民主，在党的八大政治报告中强调:“目前在国家工作中的迫切任务之一，是着手系统地制定比较完备的法律，健全我们国家的法制”，并亲自主持制定一大批法律法规，为新中国法律制度的形成和发展起了重要作用。

坚持中国共产党的领导，是中国式现代化的本质要求之一。刘少奇提出，“党是整个工人阶级和全国人民群众的领导核心”，“是我们国家的领导核心”，“党应当而且可以在思想上、政治上、方针政策上对于一切工作起领导作用”。坚持和加强党对一切工作的全面领导，既是根本政治原则，又反映党的作风，刘少奇指出，“我们的党是一个统一的党，我们的国家是一个统一的国家。地方党委只是党的一个部分的领导机关，不要把那个地方的党委看作是独立的。加强党的统一性，这也是一个作风问题”。他特别强调，“无论在什么时候，都不能没有党中央的集中统一的领导。在遇到困难的时候，尤其需要加强党中央的集中统一的领导。这个问题，对于我们事业的胜利前进，关系极大，全党同志都应该有正确的认识”。刘少奇提出，要使我们党在领导社会主义建设事业过程中，继续保持正确的、健全的领导，“根本的问题是在于努力减少党组织和党员在思想认识上的错误”，为此，必须要求党员干部进行艰苦的学习，保持自身的先进性和纯洁性。他提出共产党员标准的八项条件，强调中国共产党“现在为巩固新民主主义制度而斗争，在将来要为转变到社会主义制度而斗争，最后要为实现共产主义制度而斗争”，“一切党员必须具有为党的这些目的而坚持奋斗的决心”。

杨志强

朱德：坚定维护党中央权威

1935年6月，在四川懋功，长征途中的红一、四方面军首先胜利会师。之后召开的中共中央政治局两河口会议，决定红一、四方面军会师后的战略方针是集中主力向北发展，在岷山以北建立川陕甘根据地。但是，红四方面军领导人张国焘自恃枪多势众，借口所谓“统一指挥”和“组织问题”，拒绝执行中共中央的北上方针，并要求所率部队南下，甚至企图危害中央。中共中央果断决定率红一方面军主力先行北上。

同年9月，张国焘在阿坝召开会议，煽动一部分不明真相者批评党中央北上是分裂逃跑。拥护中央北上方针的朱德和刘伯承在十分困难的情况下，同张国焘作坚决斗争。朱德在会上一再说：“党中央的北上方针是正确的。北上决议，我在政治局会议上是举过手的。我不反对北上，我是拥护北上的。我是一个共产党员，我的义务是执行党的决定。”

10月，张国焘在四川理番县卓木碉主持召开高级干部会议，攻击党中央的路线，继续升级他的错误做法，成立以他为首的“临时中央”。朱德坚决反对：“我们不能反对中央，要接受中央领导。”他强调：“中国工农红军在党中央统一领导下，是个整体。‘朱毛’

在一起好多年，全国和全世界都闻名。要我这个‘朱’去反‘毛’，我可做不到呀！”这以后，张国焘多次强迫朱德公开反对中共中央，要朱德断绝和毛泽东的一切关系。朱德说：“你可以把我劈成两半，但是你绝对割不断我和毛泽东的关系。”他深入部队中做细致的政治思想工作，反复宣传党中央北上抗日方针的正确性和加强党的团结的重要性。他一再“规劝张国焘，说你这个‘中央’不是中央，你要服从党中央的领导，不能另起炉灶，闹独立性。”对张国焘的反党分裂行为起到了有力的制约作用。

第二年6月，张国焘被迫宣布取消他自立的“中央”。与张国焘进行斗争长达一年多的朱德，深知红军会师来之不易。1943年9月，在中央政治局会议上谈到自己在党领导下革命20年的经历时，朱德感慨万千地说：“在长征路上，张国焘屡次逼我表示态度，我一面虚与委蛇，一面坚持中央立场，这是我离开毛泽东后利用自己一生的经验来对付张国焘，最后与中央会合了。”

梁营

朱德：一切听从党安排

自参与领导南昌起义缔造中国共产党独立领导的人民军队起，朱德历任工农革命军第一师师长、红四军军长、中国工农红军总司令、八路军总指挥、第十八集团军总司令、中国人民解放军总司令、中央人民政府人民革命军事委员会副主席等职，1955 年被授予元帅军衔。无论职务多高，朱德始终把坚决服从党的领导作为自己的根本准则，“军队是在党的领导之下建设和发展起来的，是在党的领导之下战胜了敌人的，党是军队的领导者，军队是党发展革命和巩固革命胜利的工具，没有党的领导就没有军队”。

1922 年 6 月，抛弃高官厚禄、决心寻找新的革命道路的朱德抵达上海。他先赴北京、后返上海，终于找到当时任中国共产党中央执行委员会委员长的陈独秀，要求加入中国共产党，但陈独秀没有同意。于是朱德又乘船远赴欧洲，在德国找到了旅欧中国少年共产党支部负责人周恩来。朱德向周恩来表达了自己坚决要求加入中国共产党的恳切之情，并表示“只要不再回到旧的生活里去”，党派他做什么工作都行。朱德在加入共产党的时候，就宣誓服从党。朱德经常告诫军队的同志，不要忘记“军事干部都是党培养的，我们每一个军事干部都一定要服从党。我们的军事干部离开了党，那他就一样也做不成，一样也做不了，一切问题要靠党”。

朱德不仅这样说，更是做在前。在延安整风运动时，朱德专门谈了如何服从党的领导的问题，他指出：“服从组织有两个方面，一个是机械的，一个是自觉的。”“如果自觉的话，对的要服从，不对的要讨论执行，再向上申诉抗议，提出问题来，但组织原则一定要服从。”一个“自觉”，凸显了朱德坚决服从党的领导的高标准和严要求。

1945 年 6 月，在党的七大闭幕典礼上，朱德发表演讲，再一次特别强调军队一定要服从党的领导。他指出：“这一次选举，军队里的负责同志当选的相当多，所以，有些同志担心将来会不会以军治党？这个事情，请同志们放心。因为我们党不是才发展起来的，又经过了整风，又有毛主席的路线，是不可能发生这种问题的。抗战八年来，我们军队是执行了毛主席的路线的。另外，我们军事干部在各方面一定要无条件去服从党。”

朱德作为中国人民解放军的主要缔造者之一、中华人民共和国的开国元勋、党的第一代中央领导集体的重要成员，始终强调党的团结是党领导革命走向胜利的关键，坚持党的集中统一领导具有特别重大的意义。始终并尖锐批评“党是军队创造出来的，政权是军队建立的”极端错误思想。

党派什么就做什么。朱德参加革命近 70 年，经历过许多磨难和险境，为中国人民解放事业和社会主义建设事业建立了不朽功勋。毛泽东称赞朱德是“人民的光荣”，周恩来称赞朱德的革命历史“已成为二十世纪中国革命的里程碑”。这是党和人民对朱德同志的最高评价，朱德同志当之无愧！

1958 年 11 月，在党的八届六中全会上，毛泽东提出不再担任下一届国家主席职务，退出国家一线领导工作。此后，担任中共中央总书记的邓小平向朱德征求新一届国家领导人的人选意见。为此，朱德专门写了一封致邓小平转中共中央书记处的信。其中写道：“至于我的工作，历来听党安排，派什么，做什么，祈无顾虑。”他考虑问题时时处处从党和人民的利益出发，以党的事业和人民的利益为重。正如他所说的，党派什么，他做什么，真正做到了一切听从党安排。

梁 营

朱德与“赣南三整”

“南昌起义部队南下潮汕失败，朱德同志所部孤立无援，他挺身而出，稳住军心，斩钉截铁地说，黑暗是暂时的，要革命的跟我走，最后胜利一定是我们的。”这是习近平总书记在纪念朱德同志诞辰 130 周年座谈会上的一段讲话，生动再现了朱德领导开展“赣南三整”的历史画面。1927 年，在南昌起义部队南下遭遇失利的关键时刻，为了保存和巩固革命火种，朱德以大无畏的英雄气概，担当起历史重任，适时地对部队进行了三次整顿，把队伍带出险境。

用坚定的理想信念整顿队伍，精神更加振奋。1927 年 10 月下旬，朱德、陈毅率领南昌起义军余部进入赣南。在危难关头，朱德沉着镇定地在安远县天心圩对部队进行了初步整顿。在整顿大会上，朱德发表了一篇激动人心的讲话：“大家知道，大革命是失败了，我们的起义军也失败了！但是，我们还要革命的。同志们！要革命的，跟我走；不革命的可以回家，不勉强。”“一九二七年的中国革命，好比一九〇五年的俄国革命。中国革命现在失败了，也是黑暗的，但黑暗也是暂时的。中国也会有一个‘一九一七年’的。只要能保存实力，革命就有办法，你们，应该相信这一点！”……

言语间，解答了疑惑，提振了士气，激发了斗志。

朱德还把坚定的信念带入行军打仗中，与士兵们一样穿灰色土布军装，一起吃大锅饭，“见人就谈，谈革命前途，谈继续革命的方法”。他的讲话，士兵爱听；他的坚定执着，使大家深受鼓舞。在这次整顿中，尽管有300多名意志不坚定的军官和士兵相继离队，但留下来的将士却越发坚定，并逐渐成长为人民军队的重要骨干力量，保存了革命的火种，点燃了新的希望。

用坚强的革命组织整编队伍，指挥更加顺畅。南昌起义揭开了党独立领导武装斗争和创建革命军队的序幕，但是，此时的队伍里，只有领导机关和军官中有少量党员，在士兵中，除个别连排外，大多没有党员与团员的身影，党的工作也难以深入基层。此外，部队还保留着起义时的编制，不同军、师、团的官兵混在一起，“有时传令兵只好拿着命令站到岔路口，看到个排长，把命令给他看看；看到个班长，也给他看看”，严重影响了部队的战斗力和执行力。1927年10月底，朱德带领队伍来到赣粤边境的大庾（今大余）地区，对部队进行一次正式的整顿和整编。

这次整顿整编采取了两项举措。一是整顿党、团组织，加强党对部队的全面领导。陈毅主持，重新登记了党、团员信息，调整了党、团组织架构，成立起党支部，选派优秀党员前往各连队担任指导员。二是调整编制，把部队改编为一个纵队，下辖7个步兵连、1个迫击炮连和1个重机关枪连。随着两项举措的落地，党组织在基层连队的力量显著增强，编制更加精干，指挥更加顺畅，行动更加统一。

用坚决的革命纪律整训队伍，纪律更加严明。1927年10月25日，南昌起义军余部攻占信丰县城。部队进城的第二天，朱德、陈毅等人正在开会，中共信丰特区委派人前来报告说，有的士兵钻进餐馆里大吃大喝，吃完后把嘴一抹就走了；有的故意掏出手榴弹，把引信扯出，往当铺的柜台上一放，威胁老板给东西；有的甚至跑进布店把布抢到街上，以每匹两块银圆的价格卖给老百姓……

朱德、陈毅知道后大为震怒，紧急集合部队，离开县城开展纪律教育。在县城附近的一个山坳里，部队临时召开了全体大会。陈毅严肃地向大家通报了部分官兵的违纪情况，并宣布要执行严肃的革命纪律："这哪里像革命军队，简直像土匪一样了！""我们是共产党的队伍，没有纪律是不能生存的。"接着，朱德态度鲜明地表示："我完全赞成陈毅同志对这次哄抢事件的处理。在革命纪律面前人人平等。如果我朱德有一天违反革命纪律，不论谁都可以拿我是问！"训话结束后，严重破坏纪律并煽动逃跑的 3 名士兵被立即执行枪决，收缴上来的违纪品则由中共信丰特区委派人送归原主。经过此次纪律教育，南昌起义军余部的纪律意识有了明显提升。

张东明

朱德："看到群众，我心里就会得到一种安慰"

人民对美好生活的向往，就是我们的奋斗目标。这也是朱德进行调查研究的终极目的。他说："我外出活动，只是为了关心生产，看到庄稼在长，看到树木在长，看到群众，我心里就会得到一种安慰。"他的调研活动几乎都是围绕如何发展生产和改善人民生活来进行。他认为只有生产发展了，一切矛盾才能解决。因此，他反对教条主义，注重实事求是。他对于手工业改造的意见就很好地体现了这种精神。

手工业改造是社会主义三大改造之一。1956 年 5 月 15 日，正是合作化运动的高潮阶段，朱德把时任中华全国手工业合作总社党组书记白如冰找去谈话，以了解手工业合作化运动情况。听了白如冰的汇报，朱德认为："组织合作社要注意保持手工业生产的特点，凡是不宜集中生产的，不要勉强集中。搞大的合作社一定要具备必要的条件，否则，即使搞起来了，也会垮台的。"针对当时有的地方组织合作社盲目追求集中，结果集中起来后没有厂房，只好在露天生产导致生产下降的现象，朱德愤然："这种盲目集中的现象必须立即制止！"当了解到这种现象没有引起各地党委的重视，有些地方同志认为管理合作社是合作总社的事，他们只看重地方工业，而不重视手工业合作社时，朱德不以为然："这种想法是不适宜的，手工业合作社与地方工业同样是重要的。一定要让各地党的负责同志亲自抓。"随后，白如冰谈到手工业合作社在原料供应、产品推销等方面存在一些困难，提出是否取消合作总社，因为当时苏联已经取消手工业合作总社，白如冰等也准备这样做。朱德劝道："解决原料、销路不一定都由总社包起来，可以改由合作社去找。但是，总社还是应该要的。至于苏联取消了总社，他们有自己的情况，我们不能什么都仿效人家的，这是教条主义。目前我们不是要取消这些机构，而是应该加强这些机构。"最后，朱德握着白如冰的手说："搞手工业产品不要怕没有销路，而是怕产品质量、花色品种搞不好，你们可以搞各式各样的食品，既可以解决国内需要，也可以出口换外汇嘛！"

朱德认为，手工业生产在我国国民经济中占有很重要的地位，不仅过去和现在，而且在今后很长时期中，都将是国营工业不可缺少的助手，国家要大力扶植手工业；社会主义时期的手工业应该允许全民所有制、集体所有制和个人所有制同时存在；要积极发展我国传统的工艺美术行业，对有手艺的老师傅应尊重、爱护和优待，鼓励他们将精湛的技艺传授给青年后辈，不要人亡艺断，绝技失传。今天，这些观点已被历史证明是正确的，人们更加佩服朱德当时那种保护非物质文化遗产的眼光。

郑林华

朱德：搞特殊化是“万万要不得”的

作为党和国家领导人，朱德“历来听党安排，派什么做什么”。而作为家长，朱德却对后辈有着严格的要求。他绝不允许孩子们有一点比别人特殊的想法和表现。在他看来，搞特殊化是“万万要不得”的。朱德跟家人约法三章：不准搭乘他使用的小汽车；不准亲友相求；不准讲究吃、穿、住、玩。

儿子朱琦曾经在战斗中负伤，导致右脚残疾。1948 年，当朱琦转业到铁道部门工作时，朱德就嘱咐他：“必须服从组织分配，不要任何特殊照顾。”“你对部队工作比较熟悉，到地方就不同了。你应该到基层去锻炼，从头学起，踏踏实实地干下去才能学会管理工作的经验。”按照朱德的要求，在部队已是团级干部的朱琦分配到了石家庄铁路局后，先是当练习生，后来当火车司炉工和司机，真正从一名普通工人干起来。

朱琦严格要求自己，以至于许多和他在一起战斗、工作过多年的同志都不知道他是朱德的儿子。有一次，朱琦刚上班，铁路领导就告诉他，今天开车是执行一项重要政治任务，一定要完成好。那天，朱琦和机车机组的几个同志精心操作，把列车开得又快又稳，圆满完成了任务。列车到站以后，铁路领导告诉朱琦，首长要接见他，让他赶快去。朱琦没来得及换衣服就去了。到了接待室一看，接见他的是父亲朱德。尽管朱琦穿着司机工作服，两手油污，满脸汗水，但父子相见，格外高兴。朱德握着朱琦的手说："好！好！你学会了开火车，学到了本领，就能更好地为人民服务。"当朱琦临走时，无意中看见自己坐过的沙发上留下一块黑印子，很抱歉地笑了。朱德见他那难为情的神情也笑了，忙说："没关系。"接着，朱德又教育朱琦说："希望你继续努力学习政治，技术上也要精益求精，不要满足现状，要谦虚谨慎，工作上要踏实认真。"朱琦始终牢记父亲的教导，勤勤恳恳地工作，在铁路部门一直工作到病逝。

1954 年国庆，按照惯例，党和国家领导人要登上天安门城楼和首都人民一道庆祝节日。战争时期，女儿朱敏一直生活在苏联，并在第二次世界大战中受尽磨难。这一次她听说朱德要去天安门城楼，就想和他一起去。没想到，朱敏刚一说出这个想法，朱德就生气了，说她不懂事，庆祝活动是中央的集体活动，怎么能带子女？朱敏委屈极了，她哭着说："我们在莫斯科时，每年苏联国庆日，斯大林都邀请我们几个中国留学生上红场观礼台，我在中国倒不能参加自己的国庆节？"朱德一听更加生气，他说："你住口，你怎么能这样比较？斯大林请你，因为你是我的女儿，是苏联的客人，那是出于外交礼节，出于一个国家对另一个国家的尊重。可现在你是在中国，不是客人。如果要参加国庆活动，你可以去天安门广场，和那里的群众一起联欢。天安门城楼是党和国家领导人活动的地方，不是你们去的地方！以前你是孩子，我能带你去，可你现在是大人，是学生的老师，必须严格要求自己才对。"说完，就起身走了。

中午，朱德从天安门城楼回来，看见朱敏还在生气，就跟她说：“朱敏，我知道你还在生爹爹的气，爹爹也想了，上午对你的态度是严厉了些，你可能觉得委屈。不过，你想了没有，其他普通人家的孩子能去天安门城楼吗？因为爹爹的关系你可以和其他普通人不一样，结果会怎样呢？只会增添你的特权思想。我们是共产党人，是为人民服务的政党，不是封建王朝一人得道鸡犬升天的时代。你要记住一点，你是一个普通的人，和所有普通人一样，要自食其力。爹爹讲的道理，你能明白吗？”

这番话，让朱敏意识到一个以前从没有思考过的问题：我们这些中国领导人的子女在社会中应该拥有什么样的位置？是特殊阶层还是普通阶层？当自己毫不犹豫选择社会普通一员的位置，那么就必须享受普通人的待遇。朱敏从这件事中掂量出了朱德的生活原则和做人准则。此后，她再也没提出过这类要求，在朱德的有生之年她也没有再陪他上过天安门城楼。朱敏后来谈道：“正因为当初爹爹没让我享受特殊的生活，让我和普通人一样生活和工作，我今天才能拥有普通人幸福的生活和普通人那金子般的平常心。”

朱德特别强调，要把子女后辈培养成合格的接班人，而绝不允许自己的子女后辈利用自己的地位和声望享受特权，因为在他看来，干部子女有了特殊化的思想，就是变质的开始。

左智勇

任弼时：将党性标准实践到极致

任弼时始终用严格的党性标准来要求自己。为了坚持真理，维护党的利益，在大革命的紧急关头，他旗帜鲜明地同陈独秀的右倾错误进行坚决斗争；大革命失败后，他积极主张开展土地革命，努力纠正党内的盲动主义错误，特别是与毛泽东同志一起，积极探索农村包围城市、武装夺取政权的中国化马克思主义革命道路；长征途中，他同张国焘的分裂主义进行坚决斗争，坚决维护党和红军的团结统一，为胜利实现红军三大主力会师作出了重大贡献；抗日战争初期，他受党中央委托，前往共产国际介绍中国革命的实际情况，阐明中国共产党关于抗日民族统一战线的正确路线，对党的六届六中全会克服以王明为代表的右倾错误，进一步确立毛泽东在全党的领导地位，发挥了重要作用；延安时期，任弼时担任中央书记处书记和中央秘书长，他不仅积极地开展思想斗争，而且在筹备党的七大，参与领导整风运动、大生产运动、起草党的历史决议等方面都做了大量卓有成效的工作。

任弼时不仅仅是以一般的党性标准来要求自己，更是以极大的自我牺牲精神把党性标准实践到极致，成为中国共产党的模范党员和模范领导干部。他提出自己有“三怕”，一怕工作少，二怕麻烦人，三怕多用钱，并一直以此严格要求自己。即使长期抱病，他也仍然承担着繁重的工作，病重期间还对自己提出了“能坚持走一百步，就不该走九十九步”的严格要求，充分展现了共产党人为革命事业奋斗不息的奉献精神。

任弼时把党性实践到极致的崇高风范得到了高度的认同和称颂。1950 年，任弼时英年早逝，叶剑英在《哀悼任弼时同志》一文中写道，“弼时同志终身都是勤勤恳恳，埋头苦干，心中只有党和人民的利益，从不计较什么名誉地位。不管人家知道不知道，他总是三十年如一日的为党为人民贡献出他的一切。他是我们党的骆驼、中国人民的骆驼，担负着沉重的担子，走着漫长的艰苦的道路，没有休息，没有享受，没有个人的任何计较”。任弼时的“骆驼精神”由此而来。周恩来说任弼时具备 3 种精神，第一条就是“三十年奋斗不已至死不息的自我牺牲精神”。刘少奇说任弼时是一个模范的职业革命家，模范的共产党员和中国共产党最好的领导者之一。周恩来、刘少奇、叶剑英的上述评价是具有极强的个人针对性的。由此可以看出，任弼时的“骆驼精神”与他同样具备的一般革命精神有所不同，特指像他这种把无私和勤恳做到极致的人，是一种极致的自我牺牲精神。任弼时正是以其“骆驼精神”把党性标准实践到极致，成为共产党员的模范。

朱昔群

实事求是的任弼时

任弼时历来重视调查研究，坚持实事求是，在主持起草《关于若干历史问题的决议》的过程中表现得尤为突出。任弼时的实事求是，首先体现在他对历史决议起草思路的定位上："这种总结是为着把党的历史问题在思想上完全弄清楚，以便使全党能够正确地了解党的历史经验，同时也便于团结更多的同志为党工作。"

为了写好历史决议，任弼时夜以继日地对稿子"先扯后写，写了再扯"，反复地修改草案稿。一开始稿子的名称是《关于四中全会到遵义会议期间中央领导路线问题的决定（草案）》，任弼时于1944年5月赶写而成，曾分送委员们讨论，同时交给政治局秘书胡乔木修改。任弼时在胡的修改稿上又改了三次，加了标题，特别是对党历史上存在的宗派主义和教条主义加以批评，指出实事求是工作作风的重要性。他写道：大革命失败后，不少"在党内负有相当重要责任的同志，因为缺乏马列主义的修养，不能总结革命斗争的经验，没有能力把经验提高到理论的高度，去加以灵活的运用，不善于分析具体情况，缺乏远见，因此就在党内形成一种经验主义的思想以至经验主义的宗派倾向"；教条主义宗派"理论与实际互相脱节"，"不但有马列主义的丰富词句，而且打了共产国际的招牌”，更容易迷惑党内。

在主持起草历史决议的过程中，任弼时充分发扬民主，吸收高级干部整风的成果，并组织大范围的党史讨论，多次修改草稿，对每句话，特别是一些重要段落字斟句酌。由于历史决议中涉及许多干部的历史问题和错误，任弼时用了大量的时间向代表们和犯错误的干部做调查研究和思想工作。他多次召集座谈会听取对《关于若干历史问题的决议》稿的意见；三次召开代表团负责人会议，收集意见和了解代表们的情绪。同时，任弼时和刘少奇、朱德、周恩来一起两次去杨家岭的王明住所谈话，对王明的讲话作了详细的记录。

在主持起草历史决议过程中，任弼时还提出要弄清思想，团结同志，实事求是地分析错误的内容和犯错误的根源，而不着重个人的责任。对犯错误的同志必须彻底弄清问题，端正思想，改正错误，继续前进，绝不能抛弃他们，绝不能一棍子打死。

在党的历史上，“左”倾错误领导者在中央占领导地位的时候一度有过一些不好的风气，就是对与自己意见不同的同志，进行“残酷斗争，无情打击”，侧重组织处理，随意给予个人纪律处分，并且不给申辩的机会，搞“缺席审判”。这样做的后果，不仅不能从思想根源上解决问题，而且还会制造产生新的矛盾。任弼时对此深有体会，他说：无论对干部或群众都不能使用高压手段、不能威慑，不能使人害怕；因惧怕而畏怯、而疏远，而不讲真话，那你就无法弄清实情和澄清问题了。他曾说：对干部真正的爱护和实际的帮助是，当干部在工作中一切似乎很顺利时，应当给他敲警钟，就像对跑得太快的人大喊一声，让他注意不要跌跤一样；当干部在某件事上有所疏忽，出现了犯错误的苗头时，就及时提醒他，让他自觉地注意，主动地改正自己的做法；这种帮助要比有时候替他圆场有益得多！他专门提出，总结党的历史问题不是过分追究个人责任，但个人要反省错误，弄通思想。

历史决议对党的历史上的许多同志的错误提出了批评。任弼时以身作则，并不避讳自己的错误，在整风运动中对自己的历史问题首先作自我批评，指出自己过去对中国实际了解得“非常的不够”“缺乏准确性”“没有精确的调查研究”，不重视理论学习与实际结合，“对中国革命的确是造出了很多的罪恶”。他在决议草案中写道：“只有用中国革命的理论，用中国革命的实际经验来教育中国的共产党员和革命者，才能收到更迅速的和直接的效果，而且一定能够避免许多历史上曾经犯过的错误，无限的增加党员和干部斗争的信心与勇气。”

王光鑫

任弼时：做调查研究的行家里手

在发现问题、分析问题、解决问题时，任弼时注重深入基层，在群众中进行调查研究，全心全意为人民服务，这是他在长期革命实践中形成的优良工作作风。新中国交通运输事业的开拓者和奠基人之一王首道回忆，任弼时“善于调查研究，喜欢看材料，向同志们问长问短，愿意深谈，喜欢遇事找群众商量，倾听群众的意见”。

1948 年春，转战陕北整整一年的中共中央决定离开陕北，经晋绥奔赴晋察冀。行军路上，因五台山积雪难行，任弼时与毛泽东、周恩来等被阻于山西省繁峙县伯强村。不顾疲倦的任弼时利用第二天休息的间隙，特意找来伯强村贫农团主席耿香民拉起了家常。在这次调查中，任弼时详细询问了该村土改中划分阶级的标准、土改后农民的生产和生活情况，以及地主在土改后的生产劳动情况等。他问耿香民：“地主在家做什么事？”“分给他七八亩地，他自己可以种吗？”“把体力锻炼出来得几年？”……通过调查谈话，任弼时掌握了许多第一手材料。他发现，在土改中存在着划分阶级标准混乱、政策界限不清的问题，并因此造成工作中出现“左”的偏向。这次忙里偷闲的调研，为指导土改工作积累了素材，启发了思路。

1987年编辑出版的《任弼时选集》收录了任弼时在调研的基础上作的一次报告。1944年陕甘宁边区高级干部会议上，任弼时作了长篇报告《去年边区财经工作的估计与今年边区金融贸易财政政策的基本方针》。在报告中，任弼时向与会者展示了七张图表。这些图表是根据任弼时用近三个月的时间进行调查研究后得到的统计资料汇总而来的，其中还有从《解放日报》的通讯中改制而成的，以及根据他与延川拐峁村农民蓝凤城交朋友、拉家常而获得的内容制作的。经过精心设计，小到农民买火柴、水烟的费用，大到三五九旅的开支状况，有分析、有比较、有结论，抽丝剥茧，丝丝入扣。运用深入细致的调查研究获得的材料，任弼时在报告中点面结合地将陕甘宁边区经济发展的总体面貌生动直观地反映出来。这样的报告形象生动，数据详实，不但听众信服，根据报告制定的政策也更加贴近实际。毛泽东审阅这份报告后，批示作为“党内高级干部读物”印发五千份，并提议任弼时到中央党校再讲一次，“可以有五百人听，中央同志及中直可去二百人左右”。

调查研究，是以毛泽东同志为主要代表的中国共产党人在实践中探索出来的马克思主义与中国革命实践相结合的一种有效途径。任弼时虽然对此曾经认识不够甚至怀疑过，但他在实践中发现并及时纠正了问题，逐步成为党内进行调查研究的行家里手。在以后的若干年里，从延安到西柏坡，任弼时始终坚持调查研究，坚持一切从实际出发、理论联系实际，为形成、发展和坚持党的实事求是的思想路线作出了重要贡献。

潘敬国

任弼时是怎样开展自我批评的

延安整风运动后期，中共中央领导全党高级干部讨论党的历史问题，总结党的历史经验。1944 年 10 月 26 日，任弼时在讨论湘赣苏区历史问题的座谈会上发言，这个发言后来在收入《任弼时选集》时题名为《在湘赣工作座谈会上的发言》。

湘赣苏区是 1929 年朱毛红军离开井冈山向赣南进军后，彭德怀、滕代远率领红五军重返井冈山，恢复和发展起来的革命根据地。由于湘赣苏区是在“左”倾路线越演越烈的条件下发展起来的，因此存在着如何评价湘赣苏区历史的问题。特别是湘赣苏区在“左”倾路线统治中央苏区时期，执行了“左”倾中央的肃反政策，因此也存在着个人恩怨的是是非非等复杂的问题。党的六届四中全会后不久，成立了以王首道、张启龙、袁德生等为首的中共湘赣临时省委和省委，这段后来被称为旧省委的时期，虽然所执行的是临时中央制定的“左”的政策，但临时中央到苏区后，反而指责湘赣省委，以“右倾机会主义动摇”的罪名，撤销了王首道的省委书记职务，打击了张启龙、袁德生等省委领导。1933 年 6 月，任弼时到湘赣后成立了新的省委。这时，王明的“左”倾机会主义路线形态已经完备，“新省委在思想上、政策上比旧省委自然表现要更‘左’”，但仍无法满足临时中央的“左”倾要求，任弼时领导的新省委仍被批评“还有右倾机会主义”。

湘赣苏区的问题由于当时一直处于战争时期，始终没有得到解决。这种情况，直到延安整风的后期才得以改变。延安整风的最后阶段，抗日战争即将迎来全面大反攻阶段，党的七大即将召开，党中央认为有必要对各个苏区的历史作出结论，而作为中央党的历史问题准备委员会召集人，任弼时也表示有必要在湘赣工作座谈会上对湘赣苏区的这段历史给予评价。正是因为如此，任弼时以当年湘赣新省委书记、红六军团军政委员会主席身份参加了这次会议，他在湘赣工作座谈会上的发言也被认为是这次会议的总结发言。

任弼时的发言开宗明义就提出：“现在我们来检讨历史问题的时候，首先，应该从各种不同的历史情况出发，了解历史问题，检讨自己的错误。”作为当时湘赣新省委的书记，任弼时对自己在湘赣省委时期，由于认识上的失误，曾经执行了某些“左”的错误政策进行了深刻的剖析，作了严格的批评与自我批评。他说：“今天看来，改组省委是错误的。反对王首道等的‘右倾机会主义动摇’也是错误的。对张启龙以及甘泗淇这些同志的打击都是不对的。这责任不在同志们，责任主要由我来负。”他还肯定了新旧省委的工作成绩，并分析了得到成绩的原因。他说：“两个时期的省委虽然很‘左’，但其中还是有些作过实际工作的同志，如王首道、张启龙等就有实际工作的经验，与群众有密切联系，他们在执行‘左’的路线遇到某些困难阻碍之后，有些修正。”“这也是使我们能在工作中得到成绩的原因。”

任弼时的这个发言，文风朴实，观点鲜明，不浮饰，不推诿，不文过饰非，不矫枉过正。他的这种坦率的实事求是态度，使到会同志很受感动。参加了这次会议的王首道感慨地说:“作为一个领导者,既能坦率诚恳地批评别人,又敢于承担责任,虚心接受别人的意见,勇于自我批评,确实使我和到会的同志深受教育。”张启龙评价说:“他的总结发言,通篇充满了历史唯物主义观点,充满了实事求是和严于自我批评的精神。他对于湘赣边区历史的回顾,对前后两届省委工作得失的评价,对经验教训的总结,令人悦服,的确是运用马列主义理论总结历史经验的范例。这次座谈会和他的总结,对统一湘赣各个时期干部的思想,澄清是非,增进团结,起了很好的作用。”

任弼时对历史问题采取尊重事实的科学分析态度和对自己错误进行严格的自我批评,充分体现了他作为一个马克思主义者的实事求是精神。他客观、坦诚的分析和总结,勇于承担责任的精神,使原来湘赣省委的干部统一了认识,分清了是非,能够心情愉快地奔赴各自的工作岗位。

潘敬国

任弼时：“三怕”家风

任弼时生前有“三怕”：一怕工作少，二怕麻烦人，三怕用钱多。他也用同样的标准要求家人，永葆革命者的朴素家风。

1946 年，任弼时的女儿任远志、任远征被从湖南老家接到了延安。首次领生活用品时，任远征在仓库看到一个粉色电光纸皮小本子，流露出喜欢的眼神。仓库管理员看到任远征这么喜欢，就把小本子送给了她。任弼时回家看到这个小本子，一脸严肃地对任远征说：“这是给领导人用的，你怎么可以拿？咱们不能特殊化！”看到父亲这么生气，任远征吓得立即把本子送了回去。

1948 年，党中央机关迁到西柏坡，任弼时一家也跟着转移到了那里。有一天，任弼时的小儿子任远远和姐姐任远志在外面骑自行车玩，特别高兴。回到家里，任远远拿来一块抹布，一边认真擦着车子，一边指着车身上脱了油漆的地方说：“看，漆都掉了。好姐姐，你想个办法，做件车衣，把它包起来吧。”任远志看看车，想了想，觉得也应该，于是便点头答应了。做车衣，离不开布，到哪里去找布呢？任远志眉头一皱，计上心来。当时，机关实行的是供给制，物资全归后勤处统管。谁需要什么东西，打条子去领就是。于是，任远志便学着大人的样子，撕了张纸，写了张领条，跑到行政科批了个字，然后，把领条交给父亲的警卫员小邵，请他代劳去领布。小邵年轻腿勤，从西柏坡到东柏坡，来回三四里路，不到一餐饭工夫，就办完事情回来了。

这件事，不知怎么被任弼时知道了。他把小邵叫到办公室，细细盘问起来："我家今天领东西了？"小邵见问的是这件事，心里也不怎么在意，点点头回答道："是，领了6尺白布。""做什么用？"任弼时不解地问。"给远远的小自行车缝车衣。"任弼时听了，很不高兴，叫小邵把任远志和任远远找来。

任远志和任远远来到父亲跟前，任弼时问："你们要做车衣吗？"接着，他严肃地说："全国虽然快解放了，可我们的国家还很穷，前线需要物资支援，建设新中国也需要资金。毛主席号召'节约每一个铜板'，他自己还穿着补丁衣服呢，你们领公家的布做车衣，好不好啊？"

听了爸爸的话，姐弟俩的脸顿时红了。任远志连忙说："我这就把布退回去！""对！应该把布退回去。"任弼时摸摸任远远的脑袋，拍拍任远志的肩膀，继续说："今后要注意勤俭节约，再领什么东西，要经过我同意，你们年纪小，不要乱来。"

1949年进城后，任弼时先住在香山，后因离城较远，工作不便，便举家搬到景山东街居住。这里，虽然交通便利，但离马路太近，人来车往，嘈杂得很。有病在身的任弼时感到气闷心烦，可他一直默默地坚持着。

工作人员非常清楚任弼时的病情，暗中在大街小巷转了好几天，终于找到一个环境优雅的小院子。任弼时说："这不行，那房子已经住着一个机关的工作人员，怎能为了照顾我一家而让他们搬走呢。"后来，大家又建议他买座适合的房子，换一个环境，任弼时又直摇头："买房子要花钱，搬房子要麻烦人，还是凑合着住这个房子吧。这里，虽然闹一点，但空气新鲜，出门散步方便，还能多接触一些群众，这多好啊！"后来，后勤处准备把房子维修粉刷一下，任弼时也不同意，说："这房子还住得下去，不要再花钱修了，免得给组织上和同志们增添麻烦。"就这样，他一直住在景山东街，直到逝世。

小到一个笔记本，大到住房，任弼时从来对自己和亲属都是这么严格要求。以至于从小在苏联长大的小女儿任远芳一直到父亲去世都只知道父亲是"坐办公室的"。当任弼时去世时，周恩来、朱德等到家慰问，任远芳才知道自己的父亲是中国共产党的五大书记之一。

王光鑫

青年邓小平是怎样接受马克思主义的

1920年10月21日，邓小平在华法教育会的安排下，与20多名中国学生一起来到距离巴黎270公里的法国北部诺曼底大区的小城巴耶，进入巴耶中学开始寄宿制学习生活。

那时，在法国留学的上千名勤工俭学学生有向往共产主义、倾向马克思主义的，也有信奉工读主义、无政府主义、基尔特社会主义、国家主义的。然而实际上，绝大多数勤工俭学学生倾向的工读主义是带有空想社会主义意味的；虽然他们受到了无政府主义的影响，但他们了解的无政府主义是粗浅的；虽然他们受到俄国十月革命的影响，但他们也只是从国内报刊和法国报刊上看过报道十月革命和赞颂十月革命的文章，缺乏对理论和实践的完整系统的理解。当时，旅欧的进步青年普遍缺乏马克思列宁主义理论知识，正如萧三后来回忆的："在蒙达尼的时候，虽然我们分头读了些马、恩、列的书，然而对马克思主义的真谛，十月革命后的俄国和第三共产国际的状况，还是模糊不清的。"

一些先进分子经过艰辛求索，率先认识了马克思主义的真理性，比如周恩来、蔡和森、赵世炎等人。他们充分利用自共产国际成立后欧洲各国共产主义运动高涨、马克思主义书刊在欧洲十分流行的条件，大量研读马克思主义著作，阅读法国共产党机关报《人道报》、英国共产党机关报《共产党人》以及国内出版的《新青年》《时事新报》《解放》《改造》《建设》《新潮》等进步刊物，同时考察欧洲无产阶级运动和各种社会思潮，由此对社会主义与无政府主义、法国的工团主义、英国的基尔特社会主义等进行推敲比较，同时考察欧洲无产阶级运动，初步掌握了马克思主义。邓小平在这些初具共产主义思想的进步青年的影响下，开始阅读《新青年》等进步书刊，逐渐接受科学社会主义。他后来回忆道："我自觉那时是有进步的。因为我起初在看关于社会主义的书报了。最使我受影响的是《新青年》第八、九卷及社会主义讨论集。我做工的环境使我益于陈独秀们所说的话是对的，因此，我每每听到人与人相争辩时，我总是站在社会主义这边的。"

除了邓小平自述中提到的《新青年》以外，我们很难考证他在当时读了哪些社会主义和马克思主义著作。当时法国警察的记录可以为我们了解他的学习活动提供一些线索。邓小平在法国时长期处于警察监视下。警察在监视报告中称："他是共产主义的活动分子，经常在共产党的各种会议上发言，并极力主张亲近苏联政府。他还拥有许多共产主义的小册子和报纸，并收到过许多寄自中国和苏联的来信。"邓小平等人离开法国后，法国警察对邓小平等人在比扬古市的住址进行搜查，发现了法文、中文的宣传共产主义的小册子《中国工人》《孙逸仙遗嘱》《共产主义 ABC》和莫斯科出版的《进步报》等中文报纸。可见，邓小平在极端危险的情况下仍然坚持积极组织革命活动，努力学习共产主义知识，展现了一个共产主义者的大无畏革命精神。

邓小平后来对他从爱国主义者到自发参加党组织的革命者的思

想转变及其动因进行了总结，他说："一方面接受了一点关于社会主义尤其是共产主义的知识，一方面又受到已觉悟的分子的宣传，同时加上切身已受的痛苦，有了参加革命组织的要求。"他自己表示，在加入党组织、确立共产主义信仰后，"从来就未受过其他思想的浸入，一直就是相当共产主义的"。

刘思妗

严比宽好　精比粗好

——重温邓小平《对党的干部要求应更加严格》

新中国成立之初，邓小平担任中共中央西南局第一书记，主政大西南。在此期间，他十分重视党的组织建设。1950 年 9 月给中央的报告中，邓小平明确表示整风中暴露出来的问题并未完全解决，准备召开一个组织工作会议专门讨论军队党的工作。1951 年 1 月 3 日，邓小平出席西南军区组织工作会议时强调，在当时的情况下，只有“对组织要求更严而不是更宽，对同志要求更高而不是更低”，才能使党组织力量更加坚强，使同志们更加进步，我们的任务才能圆满地完成，我们的事业才能大踏步地前进。这是邓小平对党的组织建设问题的重要思考。这次讲话的节录以《对党的干部要求应更加严格》为题收入《邓小平文集（1949—1974）》上卷。

对于取得革命胜利的党的要求，是要严还是要宽呢？我们的回答是应该更加严格。

为什么要“对组织要求更严而不是更宽”？邓小平指出，过去每个人的历史面貌比较容易看清楚，“大家生活战斗在一起，投机分子不容易钻进来”。但是进军西南后情况就不同了。“大家来自四面八方，人们觉悟高低一时难于看出来”。特别是进军西南中补充的大量俘虏和投降起义军官，还“需要经过长期的考查与改造”。与此同时，解放前后战争形势的变化也对严格党的组织提出了进一步的要求。邓小平分析指出，“从组织上说，我们过去一直是在进行武装斗争，无论是在土地革命时期、抗日战争时期还是解放战争时期，军队和地方工作都是在战争熔炉中经受锻炼。每个人进到革命阵营来，都要受到战争考验，思想觉悟和斗争精神都要过硬”。而西南解放后，虽然还有部队在剿匪，但在战斗中经受锻炼的机会少了，“考验就不如过去那样过硬”。因此，邓小平认为对于取得革命胜利的党的要求“应该更加严格”，稍一松懈与麻痹，就会造成不应有的损失。

邓小平进一步指出，“所谓组织严格，首先表现在成分纯洁上”。针对当时党员数量要占部队的百分之三十的规定，邓小平表示，能保持这个比率当然更好。但是，我们不能看到数量不足而机械地去凑足百分之三十。“发展党员必须慎重，不能突击”。关于发展党员的标准，邓小平提出，“不是从时间上拿渡江前后或者是进军西南前后来作标准，也不能单独拿作战勇敢来作标准，主要的是要拿政治条件来作标准”。关于政治条件的具体内容，“应该按照党章规定，做到接受党的领导，服从党的纪律，终身为共产主义事业奋斗到底”。如果还不够这个条件，不要勉强去发展。

为了使党的组织更加巩固和严密，邓小平提出应该“以团为单位做一次检查，根据检查所了解的情况，订出党组织的教育计划，加强对党员教育，使某些不合乎条件的党员经过教育后得以提高，合乎党员的条件”。通过教育改造使一般不够条件的党员逐渐符合条件是主要的一面，而对于完全不合乎条件的党员则应加以处置，以保持党组织的纯洁性。

教育培养干部是加强党的组织建设的重要问题，邓小平指出，在当时的情况下，我们“对同志要求更高而不是更低”。

对于新干部，邓小平强调“对新同志教育要严格”，要使他知道加入共产党不容易，共产党员不好当，一开始就让他树立党员义务权利的明确概念，这样进到党内来就会进步。1951年，中国共产党第一次全国组织工作会议通过了《关于整顿党的基层组织的决议》，规定了党员标准的八个条件。邓小平将这八个条件作为教育新同志的重要标准，在中共中央西南局召开的“七一”纪念活动报告员大会上明确指出：“对于那些不愿遵守党员八条标准的同志，要劝他们出党；对于新党员同样要给以长期教育，必须合乎标准。”

对老干部的要求，邓小平认为“要更严格”。他指出，胜利后，有些老同志不求进步，开口就是“革命多少年，没有功劳有苦劳”，摆老资格，总想要党照顾一下。对于这种情况，邓小平表示，不要强调“资”这个条件，这个精神应该贯彻。贯彻了对党、对老同志都有好处；不贯彻对党没有好处，也阻碍了老同志进步。要造成一种环境，破除靠“资”吃饭的旧意识。邓小平结合历史实际指出，对于党员干部的标准，从来都是提德才兼备。邓小平还进一步分析了“德、才、资”三者之间的关系，认为德、才两个字实际上包括了“资”，品德和才能都是经过长期革命斗争锻炼和培养出来的。单纯地强调“资”，对党对老同志都有很大的害处。不强调“资”这个条件对老同志不是打击而是爱护，不仅对革命有好处，对老同志个人也尽到了帮助的责任，可以使他们在革命道路上继续前进。邓小平强调：“党是依靠进步力量去做工作的，假如我们要决心走到社会主义和共产主义，就应该做到严比宽好，精比粗好。”

蒋永清

邓小平:“端正党的作风，具有决定的意义”

邓小平十分重视党风建设，反复强调这项工作的重要性和紧迫性。早在1962年他就指出:“坚持党的优良的传统作风，具有十分重要的意义，因为我们党是一个执政党。”党的十一届三中全会以后，中国共产党面临新的形势和任务，迫切要求我们党加强自身的作风建设，担负起带领全国人民拨乱反正、建设社会主义现代化国家的伟大任务。邓小平在1979年党的理论工作务虚会上强调:“在目前的历史转变时期，问题堆积成山，工作百端待举，加强党的领导，端正党的作风，具有决定的意义。”

只有党风好，才能不断加强党的领导，凝聚全党的智慧进行改革开放和社会主义现代化建设。邓小平强调:“在认真学习新党章的基础上，整顿党的作风和组织。这是我们坚持社会主义道路，集中力量进行现代化建设的最重要的保证。”随着改革开放的深入和市场经济的不断发展，一些不正之风也在侵蚀着党的肌体，这就要求我们党不断加强党风建设，增强党自我净化、自我完善、自我提高的能力，提高拒腐防变和抵御风险的能力。正如邓小平所说:“风气如果坏下去，经济搞成功又有什么意义？会在另一方面变质，反过来影响整个经济变质，发展下去会形成贪污、盗窃、贿赂横行的世界。”正是看到了这种风险的存在，他不断强调要把党风建设贯穿于改革开放和社会主义现代化建设的全过程，强调“开放、搞活政策延续多久，端正党风的工作就得干多久，纠正不正之风，打击犯罪活动就得干多久”。

加强党风建设有利于促进社会风气的进步。邓小平指出：“为了促进社会风气的进步，首先必须搞好党风。”党风直接关系着社风、民风，党风好才能社风正、民风淳。中国共产党作为中国人民和中华民族的先锋队，党的一举一动都是全社会的表率。党员在各行各业都起到模范和表率作用，将对全社会产生重大影响。“只要我们党的作风完全正派了，全国人民就会跟我们学。党外有这种不良风气的人，只要他们是善良的，就会跟我们学，改正他们的错误，这样就会影响全民族。”因此，“只有搞好党风，才能转变社会风气，才能坚持四项基本原则”。

吕春阳

邓小平：“现在有一个问题，就是形式主义多”

1989年11月退休后的邓小平依然关注着党和国家的发展，关注着改革开放的前途命运。能否坚持党的基本路线不动摇，抓住机遇、加快发展，把改革开放和现代化建设继续推向前进，是影响当时中国发展进步的重大问题，也是退休后的邓小平一直在集中思考的问题。

1992年春节前后，邓小平南下视察，先后在武昌、深圳、珠海、上海等地发表一系列重要谈话，即著名的“南方谈话”。武昌是邓小平这次南下途经的第一站，也是他发表南方谈话最先开始的地方。途中，邓小平对陪同的湖北省负责人说：“现在有一个问题，就是形式主义多。电视一打开，尽是会议。会议多，文章太长，讲话也太长，而且内容重复，新的语言并不很多。重复的话要讲，但要精简。”这表明，一方面这些现象在当时比较突出；另一方面，邓小平对形式主义的批评只是起个话头，他真正要批评的是这些现象背后反映出来的思想僵化、“左”倾抬头，对改革开放持疑虑、观望的态度甚至企图否定新时期党的基本路线的苗头。

纵观邓小平的革命生涯，他始终是在实践中践行马克思主义。他一再强调，实践是检验真理的唯一标准，实事求是是毛泽东思想活的灵魂，是马克思主义的精髓。邓小平之所以反复强调实事求是，在学习研究马克思主义问题上反对形式主义，针对的正是当时社会上一些人以理论家自居，成天纠结于特区到底是姓“资”还是姓“社”、社会主义该不该搞市场经济等问题的争论。不争论姓“社”姓“资”的问题，使我党基本路线得以贯彻执行，而“发展才是硬道理”，是检验党的基本路线是否真正执行了的一个标准。几者之间有着内在的逻辑关系。邓小平敏锐地抓住问题的实质，正确把握了中国改革开放的航向。

邓小平南方谈话科学总结了党的十一届三中全会以来的实践探索和基本经验，从理论上深刻回答了长期困扰、束缚人们思想的许多重大问题，是把改革开放和现代化建设推向新阶段的又一个解放思想、实事求是的宣言书。谈话一开始即对形式主义进行批评，并由此展开对一系列重大问题的阐发，这说明邓小平一生都对形式主义深恶痛绝，对形式主义的种种表现保持着足够的警惕。同时也表明，他总是能够透过形式主义的种种表现，看到其背后更深层的、更本质的东西，进而由抨击、反对形式主义开始，引导人们思考并揭露那些与实事求是思想路线相违背的观念和做法，从而达到解放思想、推进改革的目的。

陶永祥

邓小平文风的鲜明风格

“文风如人”，文章是一面镜子，可以看出一个人的思想、风格和智慧。邓小平的文风就像他的行事作风一样，简练、平实、富于创新。“删繁就简三秋树”，邓小平文风最鲜明的特点就是语言简练。他的文章、报告总是言简意赅、主题明确。

从抗日战争、解放战争到新中国成立初期，邓小平一直独当一面地主持一个战略区的工作。在紧张艰险的环境中，他不仅善于卓有成效地贯彻中央的各项指示，而且始终自己动笔写材料，善于在直奔主题、简洁明了的报告里，给中央决策提出对全局带有普遍意义的政策和策略性意见。毛泽东多次表扬邓小平的报告，他说看邓小平的报告好像吃冰糖葫芦，对其爽利、清晰、可读性强的文风充分肯定。1944 年 8 月，时任北方局代理书记的邓小平，用 700 余字的电报，简洁、清楚地回复了毛泽东关于抗日根据地各方面工作的 10 个问题。毛泽东看后评价说：“此报很好。”其中对于如何团结党外人士，邓小平报告说：调整办法是：开生产运动、生产劳动等会时，请参议员和一些经营生产好的士绅参加。对政权中党外人士整风的方法加以改善。加多时事教育，不要勉强，纠正生硬方式……寥寥数语，清晰明了。因此，毛泽东过了数日后又再次致信邓小平，肯定这封报告："内容极好。除抄给此间许多同志阅读外，并转发各地参考。"

邓小平后来主持中央工作，要求党内的重要会议、汇报、文件、讲话，都要体现简洁明了的特征。早在1956年，讨论中共八大报告和发言稿的起草时，他就说过："八大大会发言要精彩、生动、多样性，还要短。"1975年邓小平复出，主持国务院工作。8月26日，在与有关同志谈中国科学院起草的汇报提纲时，他说：稿子太长了，中央的同志没有可能看，要短一点，话要少说一些。由邓小平主持起草的四届全国人大政府工作报告，文字简洁，仅有5100来字，是新中国成立以来字数最精简的政府工作报告，后来邓小平说：五千字，不是也很管用吗？

邓小平说："学马列要精，要管用的。长篇的东西是少数搞专业的人读的，群众怎么读？"1987年中央文献研究室报送了他1950年《在西南区新闻工作会议上的报告》的讲话稿，他阅后指出：内容可以，"就是啰嗦了些，最好删节一半"。1993年夏，邓小平逐篇审定了《邓小平文选》第三卷，并郑重地说：这是一本比较好的书，没有空话，要快出。这本书内容丰富精深，共收录文章119篇，最短的不足百字，回答了长期束缚人们思想的许多重大认识问题。

王达阳

陈云：我们共产党是言行一致的政党

对党忠诚是中国共产党人首要的政治品质。作为党的第一代、第二代中央领导集体重要成员，陈云是对党忠诚的光辉典范，他指出："我们共产党是言行一致的政党，而且只有共产党才能言行一致。我们共产党内也不允许有对党言行不一致的党员，不允许任何党员对党讲一句假话。"他强调，如果我们的党员染上了这种恶习，"我们党内的互相信任就不可能建立，党的意志的统一和铁的纪律也就不能建立，共产党将不成其为无产阶级有组织的队伍，也决不能被人民信任而成为人民的领袖"。党的十八大以来，以习近平同志为核心的党中央高度重视加强党员的对党忠诚教育，强调"全党同志要强化党的意识，牢记自己的第一身份是共产党员，第一职责是为党工作，做到忠诚于组织，任何时候都与党同心同德"。可见，对党忠诚既是我们党对党员早已有之的要求，又在今天新形势下被赋予了新的时代内涵。新时代共产党员必须牢固树立对党忠诚的意识，增强对党忠诚的自觉，铸就对党忠诚的品质。

对党忠诚是检视党员在政治上是否可靠的第一标准。陈云指出，党员对党隐瞒应该向党报告的事情是极端错误的，"严格地说，这种人，做一个光明磊落的共产党员，还是不够格的"。一百多年来，无论是“生的伟大，死的光荣”的刘胡兰，还是“宁肯少活二十年，拼命也要拿下大油田”的王进喜；无论是“心里装着人民，唯独没有自己”的焦裕禄，还是“一生守好一座岛”的王继才，他们身上都有一个鲜明的共同特质——对党忠诚。反观周佛海、陈公博之流，他们背叛党和人民，严重损害了党的先进性和纯洁性。没有广大党员对党的事业的忠诚，就没有全党的高度团结和统一，党的事业就不可能发展壮大，党就不可能不断从胜利走向胜利。

对党忠诚是共产党人必须履行的义务。对党忠诚是每个党员入党宣誓时都必须作出的庄严承诺。党章第三条“党员必须履行的义务”和第六条“入党誓词”等内容，均明确要求党员要做到对党忠诚。对党忠诚还是党政领导干部选拔任用和考核的重要标准。作为党员，只有对党忠诚，才会真心实意地热爱党的事业，才会矢志不移地为党的事业奋斗终身，才会在利益和生死抉择面前做到“随时准备为党和人民牺牲一切，永不叛党”。对党忠诚不是有条件的，而是无条件的，凡是向党组织提要求、讲条件，都是伪忠诚。做不到对党忠诚，就不可能做到干净和担当，不可能做到全心全意为人民服务。陈云指出，“还有一些投机分子，他们为了取得党的信任，爬上领导岗位，也常常会采取隐瞒欺骗的态度。对于这几种人，必须提高警惕，防止他们利用任何机会破坏党的事业”。作为“关键少数”的领导干部，更应按照党章等党内法规的要求，切实履行对党忠诚的责任和义务。

王 健

陈云:“执政党的党风问题是有关党的生死存亡的问题”

1978 年 12 月召开的党的十一届三中全会决定恢复成立中央纪律检查委员会，并选举产生以中共中央副主席陈云为第一书记的 100 位中纪委成员。此后，陈云担任了 9 年中央纪委第一书记。他高度重视改革开放条件下党的思想建设、制度建设和社会主义精神文明建设，提出“执政党的党风问题是有关党的生死存亡的问题”等著名论断，并特别强调:“党性原则和党的纪律不存在‘松绑’的问题。”

在探索改革开放条件下如何从严治党、加强党员党性修养、维护党规党法、狠抓党风廉政建设等方面，陈云付出了大量心血。

1984 年，随着我国农村经济体制改革的成功，全面推进以城市为重点的整个经济体制改革也提到了迫切而紧要的日程，成为当年召开的党的十二届三中全会的中心议题。而如何克服伴随着改革开放而产生的各种消极现象，是中纪委极为重视的工作。

党的十二届三中全会前，中央纪委常委会提出了《关于加强纪律检查工作，保证改革顺利进行》的报告。这份报告送到陈云那里，他立即批示:“纪检工作应当研究新情况，适应新情况。党性原则和党的纪律不存在‘松绑’的问题。没有好的党风，改革是搞不好的。共产党不论在地下党时期或执政时期，任何时候都必须坚持党的纪律。”

在中央政治局讨论将在党的十二届三中全会上通过《关于经济体制改革的决定》稿时，陈云以中央纪委提供的材料为根据，从纪检工作的角度，对《决定》稿提出了一些重要的意见。

针对中央纪委材料中提到的大吃大喝、什么“两菜一汤，生意跑光；四菜一汤，生意平常；六菜一汤，生意兴旺；八菜一汤，独霸一方”现象、报纸上登的让漂亮姑娘跑外勤一类搞“美人计”的手段，陈云指出：这都是“消极现象”。但是，对这些消极现象也不必大惊小怪。做买卖就会有消极现象。什么“八菜一汤，独霸四方”，什么搞二十几岁的姑娘跑生意，这些都会出现。只要我们头脑清醒，注意到这些现象，物质文明同精神文明一起抓，那么，这些消极方面是完全可以加以限制的。

1984 年 10 月，党的十二届三中全会召开。会上，陈云也提交了一份书面发言。他再次强调，在目前我国经济工作正面临系统地进行经济体制改革这一首要问题的时候，物质文明和精神文明更要一起抓。他在发言中再次提到了市场竞争中可能出现的某些消极现象和违法行为，讲到了“八菜一汤，独霸一方”和“美人计”的事，对这些现象怎么办？他着重提醒人们：“如果我们不注意这个问题，不进行必要的管理和教育，这些现象就有可能泛滥成灾，败坏我们的党风和社会风气。因此，我们在抓物质文明建设的同时，必须抓精神文明建设，两个文明一起抓。只要我们的头脑是清醒的，看到这些现象，并加强精神文明的建设，这些消极方面是可以受到一定限制的。我们是社会主义国家，我们既要有高度的物质文明，也要有高度的社会主义精神文明，这是我们永远要坚持的奋斗方向。"

党的十二届三中全会开完以后，中央纪委接着召开了第四次全体会议，讨论纪律检查工作如何保证中央决定贯彻执行的问题。会议审议通过了中央纪委常委会提交的《加强纪律检查工作，保证经济体制改革顺利进行》的报告，会议文件引用了陈云的话说："党性原则和党的纪律不存在'松绑'的问题，共产党任何时候都必须坚持党的纪律。对那些违法乱纪、经济上犯罪的党员、干部，必须执行党的纪律和国家的法纪。"

何 祚

陈云:“当地的干部群众能够同我讲真话”

群众路线是党的生命线。陈云说:“解决群众切身问题的办法,必须在群众中去讨论,到群众中去找寻。因为只有群众才真正了解他们自己的问题,只有在群众中才能讨论出在当时当地解决问题最适当的办法。”

1961年陈云的农村调研地点之所以选择自己的家乡——上海青浦小蒸公社,并非是为了衣锦还乡,而是想到熟悉的家乡父老身边听一听真话,他说:“我最喜欢找家乡进行调查,因为家乡情况最容易了解。”“当地的干部群众能够同我讲真话。”作为党中央副主席、主管财经工作的国务院副总理,陈云这次一蹲就是15天,吃住都在农民家里,每天上午开座谈会听取群众意见,下午到田间地头、养猪场和农民家里进行实地考察,掌握了大量详细具体的资料。蹲点期间,陈云共听取了公社党委汇报2次,召开专题座谈会10次,参加座谈会的人员既有干部,也有基层群众。座谈后,陈云总结了群众突出反映的四点问题:一是对吃稀饭不满意,人均年产粮食1200斤,连征带购800斤,农民只剩400斤。二是干部脱离群众。三是干部在生产中瞎指挥造成粮食减产减收。四是没有把集体生产组织好。看到大家严重困难的实际情况,陈云非常痛心,有的农民在路上撩起衣服向他诉苦，说都"瘦成这样子了"，陈云告诉大家："你们粮食固然被调得相当多，现在吃粥，但是不调，别的地方就是死人的问题。"并请大家再忍耐三五年。

听了大家的畅所欲言，真正掌握了人民群众的所思所想所盼，也就找到了问题症结所在和摆脱困境的方法。回到北京以后，陈云总结调查研究结果，完成了《母猪也应该下放给农民私养》《种双季稻不如种蚕豆和单季稻》《按中央规定留足自留地》等三份调查报告，详细展示了基层真实的农业生产和农民生活状况，帮助中央对地方的经济状况有了清醒的认识，为中央制定和调整农村政策提供了重要的资料和依据。

陈云曾经总结："搞调查研究有两种方法：一种是亲自率工作组或派工作组下乡、下厂，这当然是十分必要的；另一种是每个高中级领导都有敢讲真话的知心朋友和身边工作人员，通过他们可以经常听到基层干部、群众的呼声。"陈云喜欢听评弹，对他来说这也是一种难得的休息，同时也借机向大家了解一些基层的事情、做一些调查。在杭州，他同评弹界的朋友谈道："希望你们定期来看看我，一起来也好，单独来也好。你们听到社会上有什么反映，群众有什么意见，也可以写信告诉我，使我能够多听到些真话，多了解些实际情况。我们的干部，特别是高中级领导干部，能够交一点敢于反映真实情况的知心朋友，多听到些真话，是很有好处的。"

胡志鹏

陈云："只有掌握批评和自我批评这个武器才可以不断前进"

批评和自我批评是我们党的优良传统和作风，是党强身治病、保持肌体健康的锐利武器。在长期管党治党实践中，陈云极为重视批评和自我批评，并结合实践不断进行总结，提出了许多重要观点，强调"只有掌握批评和自我批评这个武器才可以不断前进"，"如果没有这一条，我们的党就搞不好"。

延安时期，面对严酷的革命战争环境，为了将党建设成为思想上政治上组织上完全巩固的布尔什维克化的马克思主义政党，陈云将辩证唯物主义和历史唯物主义的思想方法运用于党的建设实践，以发现错误、指出错误、认识错误、纠正错误为中心和切入点，对批评和自我批评的对象、目的和性质作出了深刻揭示。

1942 年 11 月，在中共中央西北局高级干部会议上，陈云作了关于整党问题的讲话，"认真开展自我批评"是他重点阐释的四个问题之一。他指出，批评指向的是对方的错误："我们批评同志，不是批评别的，是批评他的错误"；自我批评指向的是自己的错误："同自己的错误作斗争，这就是自我批评"。这就明确了批评和自我批评的对象。那什么是错误呢？人为什么会犯错误呢？基于马克思主义认识论，陈云指出，"我们要决定政策，就要研究情况，用脑筋去想问题，如果自己脑子里所想的是主观主义的，和实际情况不相符，那就会犯错误"。

陈云对批评和自我批评的目的也有着清晰的认识。他指出，"批评的目的并不是出气，主要是在于真正帮助人家纠正错误"。因此，在批评别人的时候，还应善意指出别人错误的根源以及纠正错误的方法。这种态度在教育和培养干部中同样适用，在实际工作中"发现干部有错误时，要及时教育之，纠正之，说服之，使之从错误中求得教训，并且提高到原则上来认识"。就自我批评而言，其目的也是为了纠正错误，"有了错误，发现了缺点，我们就要纠正。怎样纠正呢？就是要作自我批评"。

事物是由矛盾组成的，有矛盾就有斗争。由于党员成分和思想状况的复杂性，为了保证党的团结统一，就要与各种错误和错误倾向作斗争，以确保党的先进性、纯洁性和战斗力。批评和自我批评本质上是党内斗争的一种方法和形式，并且是主要的方法和形式，正如陈云指出的，"党内斗争主要是开展批评和自我批评"。

对批评和自我批评的党内斗争属性，陈云作了具体分析和阐述：一是斗争的必要性，"党内不允许无原则的和平，更不允许相互包庇。有了错误不进行必要的斗争是不对的"。二是斗争的原则性，"我们不主张乱斗，而是主张在原则问题上进行必要的斗争"，对无原则的纠纷则"必须以严肃的原则性去对付之"。三是斗争的目的，是"为了教育全党，并帮助一些同志克服他们的毛病，挽救一些人，以免他们的错误继续发展"。四是要敢于斗争，"我们应该反对干部里面怕斗争的倾向"，"党内是不怕斗争的，应该容许人家提出批评，也容许反驳”。五是斗争要分场合，“我们的批评是对待革命同志的。在敌人跟前，我们不能作自我批评。不能把党内处理问题的原则用来对待敌人”。

唐国军

陈云廉洁自律的故事

陈云的品格风范在党内有口皆碑，陈云束身自重，对自己要求很严，家风塑造主要通过他的言传身教，最让我印象深刻的就是他生活简朴和廉洁自律。

陈云生活简朴，一把七毛五分钱的刮胡刀，用了整整 60 年。他给我讲过这把刮胡刀的来历：1935 年他从上海乘苏联轮船到海参崴，上了船后，发现自己的胡子好长，想到应该刮刮胡子，可是没有刮胡刀，自己上岸买又怕被国民党特务发现。于是就把钱交给苏联船员，请船员下船去帮他买了这把刮胡刀。

他的棉被心是日军投降后韩光送给他的，穿了整整 39 年，打了 32 处补丁，后来捐赠给了辽沈战役纪念馆。他常穿的三条毛裤，布满了大大小小若干个补丁。他一直替换使用的两根质地像军用宽背包带的腰带，在我刚到他身边工作时就已经发毛、脱线，用黄布缝补过，一直用到他去世。他每天用的一把牛筋梳子，一直用了 45 年，断齿 15 根……

能反映他廉洁自律的事情就更多了，我讲一件小事。1985 年 5 月的一天上午，中央警卫局的一位同志送来了一台日本产的比较高级的收录机。当时陈云正在和许秘书谈话，不便打扰，这位同志就把收录机放到值班室，并嘱托我转达这是中直管理局送给首长们用的，送了好几台，别的都比较大，这台小一点。首长的利用率高，使用起来也方便。

陈云关注国际、国内形势。每天准时收听中央人民广播电台早晨6点半或7点的“新闻和报纸摘要”、晚上8点的“各地人民广播电台联播”及早、中、晚三次“国际新闻与时事”。对他来说，收录机是不可或缺的。此前，他一直使用着一台砖头那么大，只有一个喇叭的小收录机，是他的小女儿陈伟兰买给他的。因为年头久，这台收录机已经太旧了，音质差、噪音大，这次拿来的这台新收录机有四个喇叭，音质很好。于是午饭前，我把这台收录机送到他办公室，简单介绍了机子的来历和功能，把新机子给换上就吃饭去了。

没想到午休时，他躺了一个小时未能入眠，下午一起床就让我去叫许秘书。许秘书来后，他说：“中午没睡好觉，就是这个录音机给闹的。这是怎么回事？”许秘书给他做了一番解释，但他还是坚决地说：“你告诉他们，把这个机子拿走。”

下午他工作忙，没有再顾及此事。吃过晚饭，到了听新闻的时间了，我赶忙把频道调好，并试探着说：“新闻马上就开始了，来不及换机子了，首长就先听一会儿吧！”我想：他听后也许会因为这个机子好而把它留下。谁知他听完新闻就叫我，说：“这个机子好是好，但我还是用自己的好，我这个旧机子是130块钱买的，自己掏钱用着踏实。”我还试图劝他留下，但他不容置疑地说：“我不用，不开此例。”

我不得不又“请出”原来那台又旧又小的收录机。晚上睡觉前，他语重心长地说：“把那个录音机拿走了，我心里也踏实。”

又过了大约半年，儿子陈元为陈云送来一台新收录机。

陈云问:“这是哪里来的?”

陈元说:“这是我用工资给爸爸买的。音质还可以，你这个机子也该换了。”

他满意地说:“用自己的钱买来的可以，不要用公家的钱。”

陈元走后，他指着新收录机说:“这是儿子孝敬老子的，自己花的钱，心里踏实。”

杨琳　赵天元

（赵天元，1982—1992年期间在陈云身边工作，负责陈云的贴身警卫及生活、医疗等行政协调工作。）

李大钊："以求真的态度作踏实的工夫"

李大钊一生都在为追求真理、为中国人民的解放事业奔走劳碌，年仅 38 岁就英勇牺牲。他与妻子儿女等家人相聚的时间并不多，但他关爱妻子、关心子女，以和谐和睦的家庭氛围、认真踏实的家风家教培育儿女们健康成长。

李大钊 11 岁时，与比他大 6 岁的农村女孩赵纫兰结婚。他们俩夫妻恩爱，家庭和睦。妻子勤劳朴实，温柔娴淑，筹措经费供李大钊读书；李大钊成为北大教授之后，从不嫌弃妻子是农村妇女，下班回家后，就帮助妻子做家务、看孩子，辅导妻子学习文化，家里来了客人，他就热情地把妻子介绍给客人认识。

李大钊提倡"凡事都要脚踏实地去作，不驰于空想，不骛于虚声，而惟以求真的态度作踏实的工夫"。在对孩子们的教育方面，李大钊既严格又开明，他教育孩子们，学习时要专心致志，可是如果脑子用疲倦了，就应当很好地玩一阵，做到学得踏实，玩得痛快。不要一天到晚坐在那里死念书，否则会成为一个读死书而没有真才实学的蛀书虫。

李大钊在辅导孩子们学习之余，经常和妻子儿女们一起下棋娱乐。他非常认真地与孩子们对阵，神情严肃，就像和敌人临阵交锋那样。其妻子开玩笑地跟孩子们说："看你爹有多可笑，跟孩子们下棋，还那么认真！"听了这话，李大钊郑重其事地说："要是不认真，那还有什么意思呢？玩也应当认真，要不就很难提高他们下棋的水平！"可他跟妻子下棋的时候，就是另一种画风了，已经输了棋的赵纫兰照旧拿起地雷去吃李大钊的棋子，李大钊报之以幽默宽厚地一笑："哼，地雷长腿了吗？"一句话把大家都逗乐了。

李大钊教育孩子们要热爱劳动，热爱劳动人民，用自己的勤劳换来美好的生活。有一年冬天，天空下了鹅毛大雪，地上很快就积了厚厚的一层。李大钊对孩子们说："雪下大了，我们快拿扫帚到院子里去扫雪吧。要是高兴的话，堆个大雪人也好。"孩子们的外祖母看到雪正下得大呢，不同意孩子们出去扫雪。李大钊见岳母担心孩子们被冻着，立刻笑着说："孩子们应当从小养成吃苦的习惯，免得长大了什么也不会做。"李大钊带领孩子们到外面一边扫雪，一边给他们讲人生的道理："将来谁也不能当寄生虫，谁要是不劳动，就没有饭吃！"

李大钊对于旧中国军阀黑暗统治下人民群众的困苦生活有着深深的体察，他随时教导孩子们要了解百姓疾苦。他工作繁忙，但还是经常抽出时间听孩子们讲学校里的事情，并及时给予指导，帮助孩子们认识当时社会的不公，树立起正确的价值观。有一次，他听到女儿唱起在孔德学校的校歌，"啊，我们宝爱的孔德，啊，我们的北河沿！你永是青春的花园，你永是美丽的王国……"唱完歌正等着夸奖的孩子没想到听到的是父亲幽默讽刺的批评："北河沿是一条又脏又臭的臭水沟，我天天到北大去都从那里经过，里面常泡着死猫、烂狗，臭烘烘的，怎么能说是孩子们的青春的花园、美丽的王国呢？这个歌子太不现实了，这不是培养孩子们睁着眼睛撒谎吗？”接着，他教孩子们唱《国际歌》《少年先锋队歌》，还把歌词大意讲给孩子们听。他还给孩子们讲述家乡的一位穷苦大伯一年到头辛勤劳作却吃不饱穿不暖的事例，帮助孩子们理解《国际歌》的意义，理解帮助穷苦人民翻身解放的道理。为了防止暗探听到，只有在下大雨的时候，李大钊才带孩子们大声地唱起这些歌曲。通过这样的生活细节，李大钊把革命的道理传递给孩子们，帮助他们树立起改造社会、造福人民的远大理想。

在李大钊被捕的时候，他的妻子及两个女儿星华、炎华也同时被捕入狱。妻子和孩子们平时受到李大钊言传身教的影响，并没有被敌人吓倒，在监狱中不惊不慌，镇定沉着，想方设法应对敌人的盘问。被捕后，李大钊以党的事业为重，闭口不提家事。在敌人法庭上，妻子和两个女儿最后一次和他见面，李大钊表情异常平静，他告诉敌法官，妻子是家庭妇女，孩子们年纪都小，一切与她们没有关系。他以一个革命者的镇定自若，给了家人最后一次家风家教的示范。

徐玉凤

李大钊："自有真实简朴之生活"

1927 年 4 月 28 日，中国共产党主要创始人之一李大钊被反动军阀残忍杀害。据当时《晨报》等报道，其遗产竟然只有一元钱，"身后极为萧条"，"室中空无家俱，即有亦甚破烂"，其子女亦"服饰朴实"。

李大钊曾任北大图书馆主任，还担任北大教授，月薪高达 120 元，再加上他还在北京其他大学任教，并撰写大量文章，有不菲的稿费。以李大钊的收入水平，他和家人完全可以生活得很优越。但是他生活非常简朴，不抽烟、不喝酒，没有任何不良嗜好。他一直租住着简陋的房子，上班虽然路远，但一般都不坐车，而是步行。带家人从北京回乐亭老家时，总是坐最末等的火车。衣服穿得极其朴素，"冬一絮衣，夏一布衫"。他和家人省吃俭用，但他的夫人却经常为柴米油盐发愁。为什么呢？是不是他把钱都存起来不舍得用呢？当然不是，他把大部分收入用于党的事业，每月从工资中拿出 80 元作为党的经费。他还慷慨助人，接济贫苦青年。当时，许多北大学生在困境中都得到过李大钊慷慨援助。在北大读书的学生曹靖华曾经因交不起学费向李大钊求助，李大钊立即给北大会计科写条子，预支薪金给曹靖华交学费。他处处留心，尽可能不让一个进步学生因生活困难中断学业，再加上他经常预支工资用于党的活动，以至于在北大领工资时，他经常领出一把欠条。校长蔡元培不得不专门吩咐，发薪水时预先扣下一部分直接交给他的夫人，以免他家断炊。

李大钊曾说过："吾人自有其光明磊落之人格，自有真实简朴之生活，当珍之、惜之、宝之、贵之，断不可轻轻掷去，为家族戚友作牺牲，为浮华俗利作奴隶。"在他住的简陋平房内，他有时亲自下厨招待革命同志和进步青年，一个大饼、一根大葱，就是一顿饭。他兴趣广泛，热爱生活，下棋、弹琴，都是一把好手。但他为了节省资金，风琴、军棋都是从旧货市场花很少的钱买的，或是自己和家人一起用废旧物品制作的。当年，北京宣武门内头发胡同有一个专门卖旧货的地方，李大钊经常到那里去，买些旧家具、旧书什么的。有一天晚饭后，李大钊带着孩子们又来到这里。他在一家拍卖行看到了一架旧风琴，就把它买了回来，回到家后用抹布擦了又擦，变得跟新的一样。一有空闲，他就坐在风琴前带着孩子们边弹边唱。李大钊喜欢跟孩子们下军棋，却从来没有买过棋子、棋盘等用具。他告诉孩子们，用自己做的棋子来下棋，是非常有趣的事。妻子赵纫兰把红红绿绿的硬壳纸剪成长方形，李大钊把它们叠成棋子形，孩子们负责跑进跑出取东西、粘贴等等。一家人七手八脚、热热闹闹地没花一分钱就把军棋做好了。

孩子们从小受到父亲的言传身教，养成了勤俭节约的好习惯。大儿子李葆华曾任中共安徽省委第一书记、中国人民银行行长、中顾委委员等高级领导职务。他继承了父亲清廉朴素的家风，一生勤俭，两袖清风。其家中极其简朴，老旧的三合板家具，人造革蒙皮的椅子，客厅的沙发坐下就是一个坑，房子是 20 世纪 70 年代的建筑。2000 年，中央有关部门要为他调新房，他却说："住惯了，年纪也大了，不用调了。"李大钊的孙辈后人继续延续着这种清正朴实的家风，其孙李宏塔（李葆华之子）曾任安徽省民政厅副厅长、厅长，每次民政厅组织送温暖、献爱心捐款，李宏塔总是捐得最多的。他任职期间曾先后 4 次主持分房工作，分房近 200 套，却从未给自己要过一套房子，在担任厅局级干部期间，一直住在一套 60 平方米的旧房里。其实，按照省里有关规定，他是可以分一套新房的。他却考虑到厅里人多房少，每次都让给了其他同志。

李葆华去世后，曾有记者问李宏塔："你父亲给你们留下了多少遗产？"李宏塔回答说："我们不需要什么遗产，李大钊的子孙有精神遗产就足够了。"

徐玉凤

蔡和森："干革命，哪里需要就去哪里"

蔡和森是中国共产党早期重要领导人，因为牺牲较早，孩子们对他并不十分熟悉，但蔡和森以奋斗和生命塑造出来的家风，却一代又一代地传承了下去。

蔡和森的家庭是一个充满着乐观坚强、文明进步的家庭。一家人在蔡和森的带领下，一步一步走向革命。

1917年，蔡和森从长沙学习结束，还想继续留在长沙，以方便与毛泽东等好友一起探讨救国救民之道。为支持儿子革命事业的起步，母亲葛健豪带领全家来到长沙租房居住。妹妹蔡畅以在周南女校任教的微薄收入供养一家人生活，蔡母还租种了半亩菜地添补食用。虽然生活清贫，但全家人在一起，互相照顾，其乐融融。蔡家成为毛泽东、蔡和森、张昆弟、罗学瓒等进步青年经常聚会的场所。

每当毛泽东等人来到蔡家，蔡母总是拿出家里仅有的鸡蛋、蚕豆等热情大方地招待他们。1918年新民学会在她家召开成立大会时，她非常高兴，特地为他们做了一顿丰盛的午餐，用自己的方式支持和鼓励着一群和儿子一般有革命理想的年轻人。

后来，蔡和森带着母亲、妹妹等一起赴法国勤工俭学，母亲葛健豪成了年龄最大的勤工俭学生。在法国，蔡和森翻译、学习马克思主义著作，与周恩来等筹组中国共产党旅欧早期组织，他的母亲、妹妹等家人也一边学习，一边参加留法学生的革命活动。

回国后，蔡和森与妻子向警予为党的工作舍生忘死。危险来临时，他们勇敢承担，主动留在革命需要的地方，想方设法为同志们创造安全的环境。1923 年 2 月，二七大罢工遭到反动分子镇压后，军阀政府派爪牙搜捕李大钊、蔡和森等中共领导人。蔡和森隐蔽在北京高等师范的秘密据点里，继续指导革命活动。曾有几次他派一位同志到他原在的机关附近去打听消息。那是在宣武门内冰窖胡同的一所旧式大院里，门口挂着"杜寓"的钢牌，外表和当时军阀官僚的住宅很像。蔡和森嘱咐打听消息的同志，到那里去找一位"女佣人"，问"有没有病人"，"传染不传染"。后来，去的同志才知道原来这位"女佣人"就是蔡和森的妻子向警予。他问蔡和森，为什么要在这么危险的情况下把向警予一个人留在那里。蔡和森回答，因为还有一部分同志不知道情况，还会到那里去，向警予对当地情况比较熟悉，所以留下以"女佣人"的身份作掩护，以便通知和掩护不知道情况的同志转移。

大革命失败后，白色恐怖笼罩着中华大地，党的活动转入地下。面对极端困难的形势，蔡和森相信困难局面一定会得到转变，中国革命一定可以成功，他用乐观向上的心态和革命必胜的信念带领家人一起奋斗。

在严重的白色恐怖下，党中央机关以家庭的面目出现，有利于党的工作顺利开展。为了革命需要，1928 年，蔡和森安排母亲带着女儿蔡妮、儿子蔡博及外甥女刘千昂、李特特来到上海，组成一个有老有小有男有女的大家庭，为党中央机关工作提供掩护。这时候，蔡母已经 63 岁，又不是共产党员，她深知去上海的危险，但她忠于党的事业，相信儿子的安排，毅然带着孩子们来到上海，一面照顾小孩，一面承担起掩护革命同志的工作。

1931 年，蔡和森结束在共产国际的工作从苏联回国后，王明把持的“左”倾中央派他去主持广东省委的工作。当时广东省委遭到严重破坏，省委机关所在地香港处于极为严重的白色恐怖之中。去那里，随时都会面临牺牲。面对这样的安排，蔡和森坚决服从，他说:“干革命，哪里需要就去哪里，不能只考虑个人的安危。”在香港，蔡和森一家三口住在一家洋酒罐头公司的楼上，对外的公开身份是这家公司的职工，房子很窄，也说不上安全。他立即全身心投入恢复党的组织等紧张的工作中，却遭到叛徒顾顺章告密，不幸被捕。

1931 年蔡和森英勇牺牲，此时，他的 4 个孩子中，最大的蔡妮 9 岁，最小的蔡霖只有 2 岁。几个孩子和他在一起生活的时间都不长，但是都非常坚强，严格要求自己，乐观向上，努力学习，都在各自的岗位上为新中国建设作出了贡献。蔡和森为后人留下的“干革命，哪里需要就去哪里”的家风，得到了很好的传承。

徐玉凤

方志敏：清贫是革命者“能够战胜许多困难的地方”

方志敏牺牲时年仅 36 岁。他一生功勋卓著却甘于清贫。他律己甚严，对待家属亲人也是一丝一毫都不松懈。

1928 年至 1933 年，方志敏领导起义部队坚持游击战争，组建了中国工农红军第十军，创建了赣东北革命根据地。赣东北苏区扩大为闽浙赣苏区后，他担任闽浙赣省苏维埃政府主席，随后任中共闽浙赣省委书记。1931 年的一天，方志敏的好友、景德镇商会会长陈仲熙随白区参观团到赣东北苏区首府葛源镇洽谈贸易，抽空来到方志敏家，将随身带的一块墨绿色平绒布送给方志敏的妻子缪敏当作见面礼。缪敏虽很喜欢，但明白这礼绝不能收，正准备拒绝，陈仲熙便匆忙告辞。缪敏赶紧将放在桌上的平绒布拿起来朝门外追去，不料陈仲熙却已没了身影。不一会儿，方志敏回到家，缪敏将事情经过说了一遍，以商量的口气说：“要不咱们把这块布买下来吧？”方志敏眉头紧锁，厉声反驳：“这是白区商人带来的货物，只能通过对外贸易处统一收购，私自留下来，即使花钱买，也是变相受贿！”说完，立刻拿着布骑上马，疾奔而去，将这块布退还给了陈仲熙。

方志敏的甘于清贫、廉洁奉公不仅直接教育了妻子，也感染着自己的母亲。有一次，方志敏的母亲金香莲来到葛源镇合作社，想买些粉丝给病重的丈夫吃。合作社工作人员听了后，好心送了些粉丝给她。金香莲知道，儿子方志敏参加革命是为穷人办大事的，一直积极支持他的事业，家里日子虽过得很艰难，但仍牢记儿子的嘱托：绝不能借职务之便收受任何好处。但这次丈夫病得实在厉害，再说治病得用钱，就勉强收下了。这事被方志敏知道后，急忙赶到家里说服母亲："我是省苏维埃主席，当的是穷人的主席，必须做好表率。我知道家里生活很困难，但都是暂时的，将来一定会过上好日子！"母亲觉得儿子讲得有道理，遂将粉丝托方志敏尽快交还给合作社。不久，方志敏父亲病故。办完丧事后，方志敏觉得母亲一个人在家孤独，便想接母亲到葛源镇上住，母亲却笑着说："你教育了我这么多次，这次怎么糊涂了？村里这么多乡亲，我一点也不怕！我有当主席的儿子，就可以去住机关，那其他人怎么办？！"方志敏连忙表示："母亲说得对！"

方志敏的亲人们深知，为了阶级和民族的解放，为了党和人民革命事业的成功，方志敏所主张的清贫不只是清苦简朴的物质生活，更是精神上的两袖清风不染尘，正如他在狱中说的那样："为革命而筹集的金钱，是一点一滴地用之于革命事业。"1935 年 1 月，方志敏不幸被捕，两名国民党士兵将其全身搜遍，除了一块表和一支自来水笔之外，一个铜板也没找到。

方志敏英勇就义后，他的亲人一直恪守清贫精神。新中国成立后，缪敏回江西工作，途经上海时去探望了时任市长的陈毅。陈毅希望她留在上海工作，好好检查身体，把病治好。缪敏说："我回江西心切，每时每刻都在怀念着志敏，想回到当年和志敏在一起战斗的地方。”为了方便工作和生活，陈毅想为她向组织申请一辆吉普车，缪敏也婉言谢绝了。缪敏历任中共上饶地委组织部部长、江西省卫生厅副厅长等职，始终严格要求自己，保持廉洁自律的作风，从不以权谋私，不要求特殊照顾，还数次谢绝国家为她建房的福利，将自己攒下的 2 万元捐献给家乡建学校、修围堤，造福一方百姓。在家里，缪敏常常以方志敏的清贫精神教育子女，努力成为对党和人民有益的人。子女们从父亲的伟大事迹和光辉遗著中领悟到做人做事的道理，继承父辈遗志，弘扬清贫家风，在各自岗位上努力工作，为国家建设贡献力量。

“清贫，洁白朴素的生活，正是我们革命者能够战胜许多困难的地方！”这是方志敏牺牲前两个多月在牢房中写下的遗言，彰显了共产党人清正廉洁的政治本色，也成为他留给后人的红色家风。

黄亚楠

董必武:“甘为民仆耻为官”

1949 年 2 月华北人民政府迁入北平，办公地点设在天安门前西皮市街原银行公会。时任华北人民政府主席的董必武把家安置在离这里不远的一座小院中，并每天坚持步行上下班。这样不但免去了公车接送，走在老百姓中还能了解民情。

当时，董必武不仅身兼华北人民政府主席，还担任着中央财经部部长等职，经常不分昼夜地奔波和伏案处理公务。为了不劳烦有关部门迎送和沿途保卫，他让华北人民政府机关开了一张通行证，上面写着:“本府董必武主席，经常因公外出，深夜往返，为行动方便计，特临时发给通行证书。希沿途军警岗哨验明放行，勿得留难为荷。”

刚刚解放的北平，虽然社会环境趋于稳定，但仍隐藏着敌特破坏的危机。国民党潜伏特务柴氏兄弟，暗中跟踪摸清了董必武经常徒步出行的路线。正当特务要实施行动时，被公安部门一举破获。

对于特务的暗杀行动，董必武安之若素，依然不搞特殊化，行动不事张扬，轻车简从。董必武经常把自己比作是“配角”“老牛”。这种亲民和低调作风，是他在多年的革命生涯中形成的。全国解放战争中在华北农村见过董必武的老乡说，他们经常会在村头、街巷遇到这位操着湖北口音的老同志，不知情的老乡有时问道:“你是干什么工作的？”董必武笑呵呵地答:“我是当勤务员的，人民的勤务员嘛！”

新中国诞生之际，董必武收到家乡子侄们的来信，要求在新政权里谋职。董必武回信申明：在共产党里做行政工作并不是做官！他说:“虽然我在政府工作地位很高，但我们都是供给制，除个人穿、吃、住，不能额外开支。说明这点，使你们知道我们共产党人所领导的革命，和过去的改朝换代不同！”

新中国成立后，董必武曾在周恩来赴苏联访问期间代理政务院总理；也曾受党和人民委托代国家主席，但他始终埋头工作、不事张扬，保持艰苦朴素的优良作风。董必武曾嘱咐身边的工作人员：不许向地方要东西；不许以他的名义在任何部门搞特殊化活动；不许接受礼物。他说:“我们大家都自认为是毛主席的学生，我所了解的毛主席有两种特别精神：一是为老百姓当勤务员；一是实事求是。我们必须体会毛主席这两种精神。”

朱德60岁诞辰时，董必武写下贺诗，称赞朱老总“半生戎马为人民”“甘为民仆耻为官”，而这也是董必武始终奉行的行为准则。

刘一丁

林伯渠：从不享受特殊照顾和待遇

1921 年 1 月，经李大钊、陈独秀介绍，林伯渠加入上海共产主义小组，成为我党最早的党员之一。在以后的革命工作中，林伯渠始终保持朴实勤勉的作风，从不计较个人得失和地位，绝不居功自傲，始终保持党员的本色。

长征路上，林伯渠有“五宝”——马灯、拐杖、草鞋、粮袋和军包。当时，组织上给他分配了一匹马，他却不骑，而是用马驮运部队沉重的背包和文件。林伯渠当时年事已高，大家担心他的身体，坚持让他骑马。他却风趣地说：“大家都是用两条腿走路，我已经多了一条‘腿’（拐杖），为什么还要用四条腿呢？”

他一手提着马灯，一手拄着拐杖，打着绑腿，穿着草鞋，与红军战士一道行军跋涉，从不享受特殊的照顾和待遇。

林伯渠年近半百，身体较弱，但他从不说苦。每次夜间行军，他总是提着那盏小马灯或前或后地照顾着同志，在险暗难行的路口举灯照耀着，让同志们走过去，时刻提醒同志们注意安全。每次遇到溪流沼泽，他都要用一根拐棍走在前面探路，引导战士们顺利通过。就这样，翻过了积雪的大雪山，跨过了茫茫无际的大草地，走完了举世闻名的二万五千里长征。

参加长征的红军女战士李坚真曾赞美他："年过半百老英雄，又当部长又当兵。山高水深何足惧，手举马灯照万人。"林伯渠用过的这盏曾经在长征路上给人光明和力量的马灯，如今保存在国家博物馆，激励着后人。

到达陕北后，林伯渠继续过着简朴的生活，配发的衣服很少领取，衣服打着多处补丁，系的裤带是麻绳。有关部门按规定为他砌了三孔窑洞，他坚决不住，而是将窑洞改为办公室和会议室。为促进大生产，厉行节约，他还带头制定了"个人生产节约计划"，保证全年种粮两担，做到自给自足。

除了在生活中严格要求自己，在工作中，林伯渠更是严格自律。他曾在日记中写道：一、遵守党章党纪。二、戒骄傲自满。三、必须有系统地进行监督。四、加强马列思想教育。

有一次，陕甘宁边区办公厅党支部讨论一个同志入党问题。林伯渠当时担任边区政府主席，党支部考虑到他工作繁忙，事前未通知他参会。没想到，会刚开始，林伯渠走进了会场。他环顾四周，微笑地说："支部书记同志，我来晚了，下不为例，继续开会吧。"他坐下来，认真听大家的评议。

评议完成后，大家请林伯渠发言。他站起来说："我今天讲两点，一是检查，过组织生活是每个共产党员组织观念强弱的表现，我没有准时参加，应该受到批评。我当边区政府主席，和同志们只是工作岗位不同而已……二是请求，我请求支部不要取消我参加党日活动的资格。"

支部书记急忙说："林老，您工作那么繁忙，实在不愿打扰，所以没有通知您。"

林伯渠感慨道:“你们不打搅我，自由主义就会打搅我。要记住，我是一个普通党员，没有什么特殊可讲。”他看着在座的同志，说:“还要请诸位监督执行！”

张文良

徐特立的修身齐家之道

老一辈无产阶级革命家徐特立的一生颇具传奇色彩。他是毛泽东、田汉等人的老师，被毛泽东尊称为“永远的先生”；他 42 岁赴法勤工俭学，50 岁在血雨腥风的革命低潮中毅然加入中国共产党；他 57 岁参加二万五千里长征，成为队伍中年龄较长者；他也是“延安五老”中最年长的一位，被毛泽东赞为“革命第一，工作第一，他人第一”。

徐特立出生于贫苦的农民家庭，一家人一直过着艰苦、朴素的日子，这也让他养成了勤俭节约的好习惯。成年后的徐特立，无论是持家还是工作，始终勤俭朴实，廉洁奉公。

1937 年，徐特立担任陕甘宁边区教育厅长，一直住在一间破旧、窄小的房子里。环顾他的那间屋子，房里有一个土炕，是他和警卫员睡觉的地方，占据一半面积；炕前摆着一张旧的没有油漆的小方桌，就是徐特立办公的地方；房子的另一头放着一口木箱子，这是徐特立长征中历经千辛万苦带来的，里面装满了他在中央苏区编写的材料。在艰苦的环境下，徐特立安之若素，毫无怨言，为发展边区的教育事业终日辛勤地工作。

当时，边区机关工作人员都是在大食堂吃饭。徐特立职务高，又年长，可以向上级提出单独开灶的要求。但他没有这样做，而是同广大干部战士一样，吃大伙房里做的土豆、白菜、豆芽等，有时候改善伙食，也最多是加个豆腐之类，这是他长期养成的勤俭节约的习惯。

新中国成立后，组织上分给徐特立几间屋子，他高兴地把家人从湖南接来团聚。由于他住的房子比较老，面积也不大，于是身边工作人员想向组织申请调换。可是在征求徐特立意见时，他却认为，把屋子里那些坏了的地方修一修，腐烂的地板换一换，就可以了。

徐特立有一件补丁棉衣。这件棉衣他在延安时就穿上了，越穿越破，都是缝缝补补凑合穿。有人实在看不下去了，就说徐老，换一件吧。徐特立摇头说："你没看到农民有一件棉衣都要穿一辈子？我这才穿几年？"

徐特立的工资其实不低，家人用工资给他买了两件新衣服和一双皮鞋，徐特立也穿，但只在外事场合穿，他认为这个关乎国家形象。而回到家里，他又马上换回自己穿破了的衣服、开了口子的鞋。

不管谁的钱，花在自己身上，他都心疼。1957年，徐特立八十大寿，北京的亲朋故友想要给徐老摆寿宴庆祝。可徐特立不想让大家破费，他说："咱们国家还很穷，这么大吃大喝，不是给我徐特立脸上抹黑吗？"借着要出席湖南省人民代表大会，他赶紧从北京"逃"到湖南长沙。可是，他在长沙的学生和亲友也不少，纷纷提议设宴、茶叙，以表祝贺，他亦坚决谢绝。他说："去年全国遭受严重的水旱灾害，人民生活还很困难；中央正大力提倡增产节约，勤俭建国；我们怎可为了个人的生日，浪费人民财物呢？”徐特立又借口办事乘火车前往广西桂林。最后，工作人员在餐车上做了一碗长寿面，伴随着列车的隆隆声为他庆祝了八十大寿。

张文良

谢觉哉："你们是共产党人的子女，不许有特权思想"

作为党内最为德高望重的革命者之一，谢觉哉不仅自己一生高风亮节、清廉奉公，而且严格要求家乡亲友特别是后辈子女，始终坚持公私分明、正直本分的良好家风。

新中国成立后，谢觉哉曾担任过中央人民政府内务部部长、最高人民法院院长、全国政协副主席等职务。在湖南老家务农的子女、亲属听说山沟里出了大官，想凭借谢觉哉的"官位"谋求一些特殊照顾，解决调动工作和改善生活待遇等问题。1950 年 1 月，谢觉哉知道亲属们的想法后特地写信回家，明确拒绝了亲属的各种请托。信中说："你们会说我这个官是'焦官'。是的，'官'而不'焦'，天下大乱；'官'而'焦'了，转乱为安。有诗一首：你们说我做大官，我官好比周老官；起得早来眠得晚，能多做事即心安。"谢觉哉家书中的"焦官"，在湖南方言中意为不挣钱的官，与"肥差"的含义正相反；信中提到的周老官是谢家同村的一位长工，村里一有急事难事，家家户户都愿意找他帮忙，在村中以勤恳老实闻名。1951 年 5 月 25 日，谢觉哉再次写信给孩子们，指出那种"想出去依靠人"、靠关系、搞特殊的观念是封建社会的错误观念，思想根源在于"仍想过不劳而食的生活"。

1962年，全国不少地方的农村为了恢复经济，发展生产，大面积毁林开荒，有些地方乱砍滥伐的问题十分严重。谢觉哉在湖南老家的一个侄媳、孙媳也砍伐了几棵树。当时公社考虑到她们砍伐数量很少，又是初犯，且承认错误态度也较诚恳，对她们批评教育后，决定不按照滥伐的性质处理。谢觉哉得知后辈所犯的错误后非常气愤，他立即给家乡的地方组织写信："我的侄媳、孙媳违章砍树，应同样按乱砍滥伐处理，要没收，要罚款，并要她们在社员代表会上、社员大会上检讨，不只检讨一次，还要检讨无数次，一直检讨到她们栽的树长到两丈高，群众不要她们检讨时，才不检讨。"为了这件事，谢觉哉还要求两位晚辈带着检讨书和退赔款，从生产队一直检讨到县里。他说：这次你们偷砍树木，违犯国家的政策法令，是只顾自己、不顾别人的思想作祟。你们要很好地检查；是共产党员的，更要严格要求自己，深刻地挖一挖思想根子，干部子弟、革命家属，更应该模范地遵守政策法令，不能有半点特殊。

1963年，谢觉哉突发中风，右手已经不能握笔写字，但仍然不忘以左手写信督促晚辈改正错误。在他的严格要求下，老家的亲属按照"砍一伐十"的嘱咐栽了不少树。谢觉哉看到她们真正认识并改正了错误，才不再去追问了。

谢觉哉曾对子女说："我是共产党人，你们是共产党人的子女，不许有特权思想。"这是从革命烽火中走来的老父亲对子女的耳提面命，更是一个共产党前辈写给后辈同志的肺腑之言。谢觉哉以身作则，对子女言传身教，希望子女们明白，党员干部的子女完全是与他人无异的自食其力的劳动者，大到求学择业，小到衣食住行，都绝不能借重干部职权和地位搞特殊，更要带头做遵纪守法的表率。谢觉哉对亲属、子女的严格要求，正是一个亲手结束旧时代、亲手缔造新时代革命者对共产党人道德标准和理想家风的生动诠释。

李炼石

吴玉章：革命家庭要起模范作用

吴玉章是我国杰出的无产阶级革命家，也是“延安五老”之一。吴玉章为人温和宽厚，但他对身边工作人员的要求却比较严，对家人更严，对自己更是严之又严。

工作中，有时会遇到外宾赠送礼物，他会一律充公。他说：“外宾送我东西，是因为我在这个岗位上，我这个岗位是党和人民给的，所以东西应当交给党和人民。”

接待外宾时，吴玉章会让工作人员准备清茶一杯，香烟一盒。有一次，当外宾走后，收拾茶具打扫卫生的工作人员顺手拿了一支香烟。他看到后，严肃批评了这名工作人员，教育他凡是公家东西，一片纸、一滴水，都不能去占便宜。吴玉章还告诫他：犯大错误往往是从小错误开始的，一定要时时防微杜渐。

吴玉章家风很严。他用“创业难，守业亦难，须知物力维艰，事事莫争虚体面；居家易，治家不易，欲自我身作则，行行当立好规模”对联教育家人。他经常说，教育子女的正确方法是“爱与严相结合”，在生活上给予晚辈无私的爱，在政治上、学习上、工作上又要严格要求他们，这才是真正的爱。

因长期在外奔波，吴玉章经常用书信的方式对晚辈进行教育。

他曾在信中写道："我们是革命家庭，事事要起模范作用，不要因为是干部后代就骄傲自满"，并再三强调要勤俭持家，不能搞特殊化，养成良好家风。

平日里，他衣着简朴，除外出或外事活动，一回家就穿布衣、布鞋，而且补了又补。一直到1966年逝世前，他还用着南昌起义后留下来的皮箱和军毯。

吴玉章一生革命，家人牺牲巨大。他只有一子一女，女婿和儿子先后牺牲于革命时期。对于其他家人，他虽然很疼爱，但决不允许搞特殊化。

新中国成立后，外孙兰其邦刚到北京时，吴玉章就找其谈话。他说："我们有两重关系：一是同志关系，一是长辈与后辈关系。封建社会讲夫荣妻贵，封妻荫子，共产党是不讲这一套的。我们都在为实现共产主义奋斗。你们工作得好是你们的功劳，我工作得好是我的努力。可以互相鼓励，但不能有所依附。不单是你，我的任何亲属都不能用我的名义在外面去办什么事。"

在三年困难时期，吴玉章要求自己和家属就更严格。女儿那时都60多岁了，他还是要动员她回荣县老家去参加生产。

吴玉章一生追求进步，不追求高官厚禄；一生坚持革命，也主张教育育人。他是革命的老前辈。在他60寿辰之际，毛泽东称赞他"一辈子做好事，不做坏事，一贯地有益于广大群众，一贯地有益于青年，一贯地有益于革命，艰苦奋斗几十年如一日"。中共中央也致贺词称赞："他是中国革命最先进最觉悟的老战士！他的忠诚、道德和作风是所有共产党员和革命青年的模范！"

张文良

彭德怀的“四个不准”

新中国成立后，彭德怀担任党、政、军重要职务。他政务繁忙，经常外出视察。每次出发前，他都对身边工作人员讲“四个不准”：一、每到一地，不准要求当地人接送；二、在任何地方吃饭，不准请客；三、不准要人家代买东西，如果送上门来，也要婉言谢绝；四、参观时不准前呼后拥地陪同。

一次，彭德怀到杭州勘察钱塘江北岸。离开时，见有人往汽车上装绍兴酒，立即问参谋：“酒是哪里来的？”工作人员说：“有买的，也有送的。”彭德怀生气地问：“谁送的？送谁的？哪个出的钱？”见大家默不作声，他又大声问：“伙食费算了没有？”得知有的地方坚决不收伙食费，他更是怒容满面。直到当地领导表示回去一定算清，带走的酒都按市价付钱，带不走的退回去时，他才勉强息怒离开。

1956年夏日的一天，警卫员建议彭德怀到北海公园游览，还可到湖心亭看戏。彭德怀很高兴，他让汽车在离公园一条街的地方停下，可到门口一看，大牌子上写着“休息”二字，几个干部和工作人员在那里等候。原来，警卫员通知了有关部门，特地做了安排。彭德怀非常生气：“是不是你们把群众赶跑了？”工作人员解释，是奉了上级指示，闭园接待首长的。彭德怀气冲冲地说：“这么大一个公园，我们来了，别人就不能来？这种规矩，以后在我们共产党领导的国家里绝不能有！”他转身走出公园，路上对警卫员说：“我以后再不逛公园了，免得老百姓背后骂娘！”

生活中，彭德怀对自己很“小气”。衬衣打了好多补丁，还舍不得扔。他的一部旧式汽车，有关部门让换新的，他说：“这辆还能用，换什么？”窗帘布旧了，警卫员提出更换，他说：“旧了？老百姓用这样的布做衣服，还不知穿多少年哩！”

彭德怀对自己“小气”，对国家、对同志却是无私奉献。1954年，国家和军队干部实行薪金制，一直享受供给制待遇的干部子女都改由家庭负担学费。彭德怀的侄女是烈士子女，国家规定学费仍由学校供给。彭德怀却对侄女说：“不，你上学我应该管。”他在学校来信上写道：“不要国家供给，由我负担。”他说：“现在国家还很困难，要用钱的地方很多，我们减轻国家一点负担也是应该的。”从此，他用自己的薪金供侄女上学。

王林育

刘伯承：功劳都是党和人民的

刘伯承元帅戎马一生，先后负伤 9 处，还不幸失去了右眼。他立下赫赫战功，多次受到毛泽东同志的表扬，但始终保持谦虚谨慎、虚怀若谷的态度。身为高级干部的刘伯承艰苦朴素，从严要求自己及亲属，50 岁时还自警自励“勉作布尔塞维克”，对今天的我们依然具有重要的教育意义。

刘伯承的一生坦荡处事，谦虚为人。在战场上，他是足智多谋、用兵如神、出生入死、威震敌胆、功高如山的“常胜将军”；在工作中，他又是诲人不倦、循循善诱、光明磊落、胸怀坦荡的良师；在生活中，他是一位和蔼可亲、严格宽厚、德高望重、平易近人的长者。

他由一名见习排长衔至共和国元帅，但始终清醒而谦逊地认为自己是人民军队中的普通一兵，是一个“老兵”。无论是军容风纪整理，还是执行作战命令，他都像老兵带新兵一样，以身示范，身先士卒，做出表率。

1932 年，任红军学校校长时，教员少，他就自己当教员；教材缺，他就翻译和编写；教具差，他就是制作教具的工匠。学员训练时，他不顾自己多次负伤的身体，和学员一起摸爬滚打，一起行军演习，一起露宿山野。在红军万里长征中，他无论是做殿后护卫还是当开路先锋，常常同战士睡在一起，和战士一样用两扇门板一拼就当床。部队行军，他和战士一样脚穿草鞋，头戴大斗笠，衣服上的补丁一个叠一个。

他虚心跟人请教。他有两句名言：一是“要向牛学习”，牛有两只角，对敌人敢斗，然而对人民却是勤勤恳恳，任劳任怨；二是“竹竿虚心为我师”，竹子的“心”总是虚的，应该学习竹子这种“虚心”精神。他不但自己力行之，也经常教育部下如此谦恭为人。

他曾批评一些干部说：“我们有的干部认为这个胜仗是他打的，那个胜仗是我打的；这个地区是我开辟的，那个地区是他开辟的。实际上，群众不参军，你哪来的军队？农民不给送粮食，你哪来的饭吃？工人不做衣服、造枪炮，你不穿衣服、没有枪炮怎么打胜仗？”

1942 年，适逢刘伯承 50 岁生日。师政治部决定为他做寿，号召全师指战员向他学习，鼓舞全师士气。他坚决不同意，故意隐瞒生日日期 12 月 4 日，不让人知道。后来，师政治部还是坚持，选了 12 月 16 日为他过寿。无奈，刘伯承只好尊重组织意见。

在祝寿会上，刘伯承在答词中说：“我自己的一生，如果有一点点成就，那是党和毛主席的领导所给我的。离开党，像我们这些人，都不会搞出什么名堂来的。因此，我愿意在党的领导下，做毛主席的小学生，为中国人民尽力。如果我一旦死了，能在我的墓碑上题上‘中国布尔塞维克刘伯承之墓’十二个大字，那就是我最大的光荣。”他在 50 周岁“自铭”中最后一句话写着：“勉作布尔塞维克”。

1947 年，冀南前线部队隆重举行第一届人民功臣大会，冀南行署代表各界人士为表示感谢，给刘伯承赠送一块刻有“常胜将军”四个大字的横匾。刘伯承不好谢绝，只是十分认真地说：“说我是常胜将军，怎么会常胜，多数胜就不错了……这一切的功劳都是党的功，人民的功，我不敢‘贪天之功’，我只是人民的勤务员。没有人民给吃给穿给人，军队就不能打仗。”在场人员听了他的话，很受教育。

张文良

陈毅的几次出访经历

陈毅在担任外交部部长期间，为贯彻执行中央的睦邻政策，解决边界问题，以及支持亚非国家的民族独立运动和促进亚非团结而努力工作。他先后出国访问 26 次，除陪周恩来总理和刘少奇主席出访外，单独出访 13 次。共访问过 28 个国家，其中亚洲国家 13 个，非洲国家 10 个。

1960 年 8 月陈毅访问阿富汗，到达第四天，他出席阿富汗外长宴会后发生腹泻，连续几次后浑身无力，难以参加对外活动，只好借口过度疲劳，让对方取消当天参观日程。医生建议从我驻阿方使馆拿稀饭咸菜充饥，他勉强同意，但一再关照不要让阿方知道。经随行医生精心治疗，次日上午基本止住腹泻，下午他即按原定日程，接见土耳其、伊朗大使，晚上出席中阿联合公报和友好互助条约签字仪式，紧接着主持告别宴会。在宴会上对方领导人问他身体状况时，他只淡淡地表示，没问题，已好了，始终没有把饮食不卫生导致腹泻的事同对方讲。回国后他说，如果当时责备人家卫生条件不好，势必得罪人，影响访问。

1965 年他率团访问马里。当地卫生条件很差，用饭时苍蝇乱叮饭菜。有几个随行人员不敢吃宾馆饭菜，要求我驻马里使馆送面条到宾馆吃。送了几次，被陈毅知道了，他既不是下禁令，也不是训斥，而是采取启发诱导的办法，意味深长地对随行人员说，同志哥，如果你们在北京接待客人，人家驻北京使馆天天往钓鱼台国宾馆送饭，你们有何感想呀！一句话解决了问题。

1961 年访问缅甸，访问结束即将离开宾馆时，陈毅突然发现居室卫生间的马桶里漂着一个小药瓶，他问护士是怎么回事，护士回答说，首长用药是保密的，想把药瓶冲掉，冲了一下没有冲下去。陈毅不高兴地说，吃药保啥子密，就是要销毁药瓶也不应该扔在抽水马桶里，如果卡住了下水道，我们走后人家要骂娘的，说我们中国人拆烂污，说罢捞出药瓶扔入废纸篓。

1964 年 11 月，他奉命赴金边出席柬埔寨王国完全独立 11 周年庆祝活动，往返航线要飞越胡志明小道。当时美国飞机正对胡志明小道狂轰滥炸，人们为飞行安全担心。陈毅却决定行前发消息，公布航线，并坦然地对随行人员说，我们将航线公之于世，出了事美国要负责，我谅他们也不敢打。果然，往返飞行时，美军用飞机在低空轰炸，我机在高空飞行，敌机未敢犯我。回到南宁时，当地领导同志向他庆贺安全归来，陈老总风趣地说，不错嘛，还有美国飞机护航哩！

1965 年 9 月，他访问几内亚后回国，原定航线要经停阿尔及尔。不料凌晨飞到阿尔及尔上空时，浓雾密布，三次试降都未成功。随行人员中有人沉不住气了，希望陈毅能给机组下个什么指示。陈毅说，不要着急嘛，怎么办靠机组，他们有经验，我们都是外行，不要干预。果然机组同志有经验，他们考虑到机上存油不多，不能再在机场上空盘旋等待雾消，决定掉头南飞，在阿市南 900 多公里拉格瓦特的一个旧机场安全降落。这个机场久已不用，没有导航设备。对此陈老总一再表扬机组处理果断，飞行技术高超。

杨 琳

生活一贯简朴的罗荣桓

罗荣桓是新中国开国元帅之一。他一生恪尽职守，原则性强，对党忠诚。他戎马半生，始终清廉自守，弥留之际仍嘱咐家人严于律己，深受后人敬仰。他艰苦朴素、严于律己、一心为公的崇高品质，值得后人学习。

1930 年 8 月，罗荣桓担任红四军军委书记、政治委员。作为红军高级干部，他从来不搞特殊化，总是和战士们一起，风雨同行。在革命战争年代，他和普通战士一样吃用老墙土熬出来的硝盐，穿补丁连片的旧军衣，晚上睡草堆、睡门板。行军途中，他的战马不是驮伤员，就是背着战士们的枪和背包。长年累月的奔袭作战，居无定所，罗荣桓的身体落下了疾病。

1946 年，组织上安排罗荣桓到苏联就医，并为他配置了一笔生活和医疗费。然而，这笔钱他没有用到自己的身上。那时，有很多在苏联学习的中国同志，罗荣桓拿出部分钱，给他们添置了一些衣物和学习用品，鼓励他们尽快学好知识，回国为革命作出贡献。剩下的钱，他分文未动，回国后全部交给财务部门。

1947 年 7 月，罗荣桓身体有所好转，从莫斯科回到哈尔滨，全家被安排住在市区一处宽敞的独立庭院里，设有会客厅、洗漱间等，设施齐全。但罗荣桓不太习惯，因为这与他一贯简朴的生活方式不符。他多次向有关部门提出将这处庭院挪作公用，自己另找一处房子住。他说：“生活不要特殊化，一味追求舒适的生活，讲究吃穿，贪图享受，就要变坏的。”

罗荣桓在长期的革命生涯中积劳成疾，身患重病，但他从不因为身体不好而要求什么特殊照顾。一次，他住院后回到家里，发现多了四张靠背椅，就问秘书这是哪来的，秘书回答是总后勤部送来的。他马上问给钱了吗？得知没有付钱，立即要秘书把椅子退回去。秘书解释说，总后勤部的首长让他办完公靠着休息休息。罗荣桓说：“乱弹琴，我一个人害病，用得着四张椅子吗？”看到秘书很为难，他最后稍为妥协了：“不退也成，一定要照原价给钱，用我的薪金。”照价付款后，这几张靠背椅才留了下来。

张文良

聂荣臻：始终保持简朴生活

聂荣臻生活简朴，不吸烟，不喝酒，不讲究吃穿，不铺张浪费，直到晚年，仍然是老样子。他家里的摆设也很随意，客厅里连张字画都没有。家里的很多东西是解放初置办的，有些还是战争年代留下的。

聂荣臻在家里对节约抓得很紧。他和夫人几次让工作人员研究，订出节约水电的措施，搞责任制，落实到人。他对家里人要求也同样严格。如果谁离开房间没有关灯，就会批评提醒，让大家养成"人走灯灭"的习惯。

聂帅坚决反对只图安乐享受。他时常引用《朱柏庐治家格言》中的话说："一粥一饭，当思来处不易；半丝半缕，恒念物力维艰。"他常用"一块银元"的故事教育家人。那是他红军时期积存下来的伙食尾子，现在存在中国人民军事博物馆里。他时常深情地说起红军时代生活艰苦的情景，让家里人再好好地读一读毛泽东的《井冈山的斗争》，在思想上认识崇尚简朴的意义。

在他的教育影响下，一家人都衣着朴素，粗茶淡饭，生活简朴。

夫人张瑞华与聂帅风雨同舟几十年，也最懂他的心，生活中一直是朴实无华。早在革命之初，夫妻二人在广东省委从事党的秘密工作时，张瑞华就甘于坚守清贫与艰辛。到了晚年，张瑞华始终保持简朴生活，特别是在操持一家人的饮食起居上，坚持简简单单。就是祝贺聂帅 80 岁生日这样的“大事”，张瑞华也是在家里亲手做上一顿长寿面给大家吃，决不到外面大操大办，铺张浪费。

女儿聂力继承了崇尚简朴的好家风。在张家口上小学的时候，父亲曾经将缴获的一个日本黑皮包送给她做书包用，要她好好学习。她很爱惜这个书包，用了很多年，即便早就破损了，也一直保留在身边，舍不得扔。解放初，聂力在师大女附中上学的时候，从不和别人比穿着打扮、比新潮，而是把精力全部放在学习上。她一身灰色的布棉袄、灰色的布棉裤、灰色的布棉鞋，得了“灰姑娘”的雅号。

在聂帅这个大家庭里，外孙女聂菲也从小懂得艰苦朴素。裤腿短了，接一块，继续穿，从不跟别的同学攀比，也不乱花钱。有一次，聂菲放学后，和小伙伴儿相约到街上买零食，挑来挑去，最后只买回来一块果丹皮。聂帅看了，笑着说：“我就知道，你最多也就是花几分钱，买个果丹皮解解馋。”这么一说，大家听了都哈哈大笑。

聂帅还曾经将一床用了多年的羽绒被交给女儿和外孙女使用，那是白求恩牺牲前赠送给他的。对这床看似普通的羽绒被，聂力倍加珍惜，自己用了又给女儿用，缝缝补补，成了聂家的“传家宝”，直到后来被作为文物捐献出来。

张建军

彭真："把情况摸准，把政策搞对，把干部作风搞好"

按照毛泽东的指示，1961年4月中旬，邓小平和彭真带着五个调查组，到顺义县和怀柔县农村调查研究。邓小平以顺义县为主，彭真以怀柔县为主，中间交流情况，最后一起到密云县调查荒山绿化问题。

4月17日，彭真第一次到怀柔，先召开北京市委常委会议，请五个调查组成员参加。在听取了先期开始调查的同志汇报后，彭真讲话明确指出了调查研究的指导思想。他说："现在调查，就是为了解放生产力，最根本的是解放劳动力。人的积极性是最根本的问题。过去有些胡思乱想，就是不切合实际。没有社员的积极性，什么也干不了。要下决心按经济规律办事，说话使群众相信，说到哪，办到哪。为什么现在我们讲话群众有点不相信，问题就是没有很好调查研究，没有摸底就下决心，有些问题不是根据群众自愿。要下几年功夫，先把情况摸准，把政策搞对，把干部作风搞好。"

围绕如何调动社员的积极性，彭真从各个方面进行了调查。4月20日，他第二次到怀柔，召开调查组和县（区）委书记座谈会，听取了怀柔县北房、梭草、驸马庄三个大队调查点的汇报。第二天，他去西三村大队看了公共食堂，询问社员对食堂的意见，还与大队党支部书记贺福元交谈了解集体生产和社员生活情况。他说：“我们国家的农业机械化水平还很低，人的积极性有更重要的作用。只有解决多劳多得，纠正平均主义，才能调动社员的积极性。”

此后，他又于4月24日、28日再到怀柔，分别到一渡河和梭草两个大队调查，并召开了包括其他几个大队干部参加的座谈会。他强调：“怎么能调动起社员的积极性，能搞好生产、多打粮食、增加收入，就怎么干。”他谈到西三村大队的情况，说：在解决了社队规模以后，最迫切的问题是解决按劳分配，克服平均主义。

针对一些同志对调查的顾虑，他指出：第一是生产力问题，是我们决定一切政策的根本。能解放生产力就好，阻碍生产力就是错误的，不管打着什么旗帜。

当时，供给制和公共食堂问题是调查的难点。供给制既涉及能否实行按劳分配原则，又涉及农村人民公社的基本政策。当时普遍实行工资制和供给制相结合的分配制度。而农村公共食堂还处于只能说好、不能说坏的禁区。随着调查的深入，彭真也不断调整自己的思路。他说：一个供给制，一个食堂，要下决心试验一下。要制止瞎指挥，要破除迷信，打消顾虑，冷静地看一看，为什么行不通又一定要捆着自己的脑袋？要坚持真理，随时修正错误。

5月4日，彭真在顺义和邓小平一起听取中央五个调查组和北京市委有关调查同志的汇报。彭真谈了两点看法：一是在供给制问题上，改所有社员的供给制为只补助五保户、困难户，其余按劳分配；二是食堂愿意吃就吃，愿意散就散，不要怕散。邓小平与彭真的意见一致。

此后，彭真又重点调查了牲畜和大车归属、农村供销社和手工业发展以及自留山等问题，还和邓小平一起到密云县调查荒山所有制和加快绿化问题。

5月10日，邓小平、彭真根据为期一个多月的调查研究致信毛泽东，信中提出在北京近郊区和远郊各县贯彻执行"十二条""农业六十条"后，生产大队和生产队的规模都已调整，农民群众的生产积极性也有很大提高，但是，要进一步调动农民积极性，有许多措施还需要改进，有些政策也需要加以端正。并具体提出了"调整社队规模问题""粮食征购和余粮分配问题""供给制问题""三包一奖和评工记分问题""食堂问题"等七个方面的意见。13日，毛泽东将此信转发各中央局、各省、市、区党委参考。

这次调查对中央修改"人民公社六十条"（草案），纠正"左"的错误，特别是对京郊农村落实中央一系列方针政策，加快恢复发展经济，发挥了重大作用。而彭真在调查中不断调整自己的认识，尤其他对公共食堂的态度，从一开始提醒大家"不要一哄而散"，转变为"不要怕散"，充分体现了他实事求是的作风。正如他自己所说："不能脑子里先有个框框，把调查研究变成找一些例子来证明自己的成见是对的，而是要选择具有普遍意义的典型，深入地、系统地、实事求是地调查研究，最后才产生结论，作出客观、全面、符合事物本质的结论。"

刘慧娟

邓子恢："一定要时刻惦挂着群众"

邓子恢是党内公认的农村问题专家，他的一生和农村、农民紧紧相连。为了让群众过上更好的生活，邓子恢呕心沥血。他对子女常说一句话："心里一定要时刻惦挂着群众。"

邓子恢父亲是一名乡间医生。他医德高尚，凡是来自贫苦家庭的病人，概不收费。虽从医数年，邓家依旧一贫如洗。年少的邓子恢耳濡目染，在中学时期的日记中写道："旱灾难免，祸乱将兴，叹我生民，行将涂炭。"为人父后，邓子恢言传身教，希望下一代也能对人民群众有深厚的感情。

邓子恢曾对妻子陈兰说过："中国的农民是最老实的，我们要特别注意保护农民的利益，反映他们的疾苦，而不能去欺侮他们。"邓子恢还常常给孩子们讲述闽西游击战争中老百姓拼着性命为他们通风报信、送粮送药的故事。他十分动情地说："乡亲们把米送给我们吃，自己却吃地瓜、地瓜叶。那时候要是没有乡亲们支持，我们是坚持不下来的。"邓子恢希望用讲故事的方式让孩子们知道，为什么我们党要根植于人民，什么是军民鱼水情。

1954 年后，邓子恢在中央农村工作部大院的平房办公和居住。因夏天酷热，他经常挪到潮湿的地下室，得了腰痛病，却从未要求装修或换个舒适的住房。虽然邓子恢身居高位，但他家人口多，负担重，只能靠省吃俭用安排生活。即便如此，他还经常拿出不多的生活费帮助老战士和老乡亲。正如陈兰所说："'把方便让给别人，把困难留给自己'，这已成了我们的家风。"

1961年，病中的邓子恢接到家乡群众反映农村生活困难的来信，心中难过，不顾家人劝阻，坚持要回家乡去看一看。他神情激动地对家人说："我们过去革命靠谁？还不是靠老百姓！"

在老家，当年参加暴动的老乡见到邓子恢，捧着一碗用糖拌过的焦芋粉给他吃，并说："你难得来一回，本应该好好招待你，现在没有白米了，这是家里最好吃的东西，你吃了吧。"看到老区人民在新中国成立10多年后生活还这样艰苦，邓子恢立刻用自己工资买了15斤面条，请全村人吃了一顿饱饭。回京后，邓子恢又一再向中央建议，要求实行包产到户。

邓子恢常常教育子女不要忘本，吃苦耐劳，保持劳动人民的本色。有一次，他带领全家人参观大型泥塑《收租院》，这组作品再现了旧中国人民群众的困苦生活。当他们走到插着草标卖身的瘦弱小女孩塑像旁边时，邓子恢默默站定并流下了眼泪。他一边参观一边向孩子们讲解旧社会的农村情况，使孩子们接受了生动的革命传统教育。父亲的一举一动，使孩子们深受触动。

女儿邓小涟被分配去北大荒兵团支边，那里条件艰苦，她不免心存顾虑。邓子恢鼓励她说："北大荒是王震叔叔带领部队官兵开垦出来的，你要继承光荣传统，好好干活！"在父亲满含期待的注视下，邓小涟勇敢地投身拓荒者的行列，不怕吃苦，勤勤恳恳，任劳任怨，用汗水谱写了自己的青春之歌。

直到现在，邓子恢家的孩子们依然和家乡老区的乡亲保持着密切的联系。他们永远不会忘记父亲的教诲:“对群众有益的事，就坚持；对群众不利的，就反对。”在他们眼里，父亲矢志不渝地坚守着这一信念，心里永远念着群众，想着民生，这是父亲留给他们最丰厚的精神遗产。

王 倩 黄亚楠

张云逸：始终把人民放在心上

抗日战争时期，张云逸十分重视人民群众在战斗中的重要作用，他强调只要取得人民的拥护和支持，日、伪、顽就无法摧毁敌后抗日根据地。1944 年，张云逸时为新四军副军长，陈毅外出时，他还代理军长职务。他领导部队开展大生产运动和拥政爱民运动，并教育广大官兵改进作风，“使每个同志懂得军队与政府人民的关系，如同人和空气的关系一样，人不能脱离空气，军队假若脱离了人民和政府，也就不能生存和发展。我们要爱护群众和同爱护自己的父母一样”。

这期间，张云逸带头帮助驻地群众耕种土地、兴修水利和消灭虫害，和人民群众培养了深厚的鱼水之情。他还召集当地党政机关和群众团体代表参加座谈会、军民联欢会，广泛听取地方政府和人民代表的意见，宣传拥政爱民的纪律。同时，他要求各部队派出检查组，进行实地调查，如发现有侵犯群众利益或者违犯抗日民主政府法令的事件，要立即进行处理和赔偿，这些举措受到了群众的广泛称赞。

新中国成立后，张云逸受命南下，主政广西。彼时的广西刚刚解放，交通条件颇为不便，且国民党桂系军阀在此盘踞多年，仍有一些残余势力与土匪互相勾结，整体情况较为复杂。面对百废待兴的局面，张云逸决定从团结人民群众着手。他对身边的同志说："要争取群众的大多数人站在我们方面。只要把群众发动起来，团结群众，一切问题即可迎刃而解。"为此，他常常身着便服，信步走进闹市与百姓聊天，或坐在屋檐下与市民拉家常，利用一切机会接触百姓，了解民情，宣传党的政策。有时他只身一人走进百姓家中，让身边的警卫战士担心不已。张云逸除了对警卫员表示歉意外，还耐心地说："他们都是我们的群众，不接近怎么行呀！"在张云逸的领导下，广西的工作迅速开展，清剿土匪、恢复生产和城市建设陆续走上正轨，人民群众面临的问题也得到了较好的解决。

王天宇

李聚奎：一辈子为信仰奋斗

“雾满龙冈千嶂暗，齐声唤，前头捉了张辉瓒。”这是毛泽东《渔家傲·反第一次大“围剿”》中的词句。当时活捉张辉瓒的一线指战员，是时任红军二十七团团长的李聚奎。这位被称作“将圣”的红军将领，一生战功卓著。而最让人敬佩的，则是他坚定的理想信念和崇高的思想境界。

1936年11月初，由红四方面军总直属队及红三十军、九军、五军（原红一方面军五军团）组成西路军西渡黄河后，李聚奎调任红九军参谋长。不幸的是，1937年3月西路军在敌众我寡的极端不利的情况下最终失败。李聚奎回忆，那天他望着渐渐落入山后的残阳，心中生出一个念头：太阳有落就有升！西路军是失败了，但革命没有完，党中央还在，河东红军还在，西路军的指挥员是不会被捕尽杀绝的。到黄河东区，找党中央去！找红军去！李聚奎决心“讨饭千里”寻找党中央。在近两个月千里行乞的过程中，他揣着一只干粮袋、拄着一根讨饭棍、握着一个指北针、怀着一颗忠诚之心，终于回到了他日思夜想的红军的行列。

此后，不论在抗日前线，还是在解放战争中，李聚奎都是让敌人闻风丧胆的传奇英雄。新中国成立后，他继续为新中国的建设与发展殚精竭虑。1950 年 7 月，李聚奎担任东北军区后勤部部长兼政治委员，为抗美援朝战争建立了打不烂、炸不垮的“钢铁运输线”，被授予一级自由独立勋章。当祖国急需石油时，周恩来总理钦点李聚奎担任石油部首任部长，他二话没说率领石油工业战线的专家和工人大军，大战油田开发，在艰苦恶劣的条件下创建了克拉玛依油田。

不论岁月如何变迁，李聚奎始终牢记初心，坚守信念。80 岁生日那天，他悄悄在记事本上写下这样一段话来自勉：“纵然给我更大的权力，我也决不以权谋私；纵然给我更多的金钱，我也决不丢掉艰苦奋斗；纵然让我再活 80 岁，我也决不止步不前。”这段话正是他一生的真实写照。

1986 年，病中的李聚奎亲手抄录 5 份《三大纪律八项注意》释文，并在首页上写道：“永远牢记中国人民解放军是中国人民的子弟兵！三大纪律八项注意是中国人民解放军的本质！全心全意为人民服务是我军的宗旨。”他将这 5 份《三大纪律八项注意》释文作为传家宝交给 5 个子女，嘱咐道：“这是我们的光荣传统，你们一定要牢记不忘。”1995 年 6 月 25 日，李聚奎去世。弥留之际，他把 5 个在京的儿女叫到床前，说：“我，一个老共产党员，一辈子为信仰奋斗，没有个人私产。”可以说，这 5 份手抄的《三大纪律八项注意》释文是李聚奎留给子女的唯一“遗产”——一位老党员对信仰的执着坚守。

我们党是靠革命理想和铁的纪律组织起来的马克思主义政党。李聚奎这份珍贵的“遗产”值得我们每位党员铭记、传承。我们要时刻记得：理想信念必须永刻心头，严明纪律必须挺在前头，只有这样，才能坚守住共产党人安身立命的根本。

孙 迪

新民主主义革命时期党的群众路线思想的历史生成

建党初期与大革命时期是党的群众路线思想的萌芽阶段。1921年7月，党的一大通过的《中国共产党纲领》就明确提出："本党承认苏维埃管理制度，把工农劳动者和士兵组织起来"，为了人民群众的根本利益而奋斗，"承认无产阶级专政，直到阶级斗争结束"。1922年7月，党的二大制定的《关于共产党的组织章程决议案》提出："我们既然是为无产群众奋斗的政党，我们便要'到群众中去'要组成一个大的'群众党'。"1925年，毛泽东在《中国社会各阶级的分析》中，分析了中国社会各阶级的经济地位及其对革命的态度并指出："工业无产阶级是我们革命的领导力量一切半无产阶级、小资产阶级，是我们最接近的朋友。"1927年3月，为了回应党内外对于农民运动的责难，毛泽东撰写了《湖南农民运动考察报告》，指出农民运动暴风骤雨般的强大力量与发展形势，是任何力量都无法压制的，"他们将冲决一切束缚他们的罗网，朝着解放的路上迅跑"。

土地革命战争时期是党的群众路线思想的形成阶段。1927年8月，中共中央召开紧急会议，批评了以陈独秀为代表的右倾机会主义错误。毛泽东指出："以后要非常注意军事。须知政权是由枪杆子中取得的。”只有实行“耕者有其田”的土地所有制，党对革命的领导才能得到农民的支持，武装斗争和建立革命政权才会有坚实的群众基础。1927 年 9 月，毛泽东率领秋收起义的部队上了井冈山，开辟了“农村包围城市，武装夺取政权”的革命道路。1929 年 9 月，根据中央政治局会议精神和周恩来、李立三的谈话要点，由陈毅起草、周恩来审定的《中央给红四军前委的指示信》（党史上称为“九月来信”）中，三次提到“群众路线”。这是在党的正式文件里，第一次出现“群众路线”概念。1930—1934 年，毛泽东、周恩来、刘少奇、瞿秋白、陈云等党的领导人都对党的群众路线思想进行了阐述，毛泽东将群众路线的工作方法和实事求是的思想路线紧密结合了起来。

抗日战争和解放战争时期，党的群众路线思想走向成熟。全国抗日战争爆发后，针对“速胜论”和“亡国论”的错误观点，毛泽东在《论持久战》中指出：“战争的伟力之最深厚的根源，存在于民众之中。”只要数万万群众组织起来，日本侵略者就像冲入火阵的一匹野牛，被烧死就是它唯一的结局。党在这一时期的群众路线，集中体现在发动群众和武装群众，发展抗日游击队，巩固和扩大抗日根据地，使日寇陷入人民战争的汪洋大海。1945 年，毛泽东在党的七大上作了《论联合政府》的政治报告，要求全党必须“全心全意地为人民服务，一刻也不脱离群众；一切从人民的利益出发”。党的七大党章第一次比较全面地概括了建党以来群众路线的基本经验，第一次系统阐发了党的群众路线思想的基本内容，这标志着党的群众路线思想走向成熟。

周湘宁　吕增奎

寻乌调查的经验启示

1930年5月，红四军攻克寻乌县城，并在此停留了一个月左右的时间。毛泽东抓住这个机会，在寻乌进行了为期20多天的社会调查。

毛泽东为什么要进行寻乌调查？他在《寻乌调查》前言中写道："关于中国的富农问题我还没有全般了解的时候，同时我对于商业状况是完全的门外汉，因此下大力来做这个调查。"富农问题是土地革命战争时期的一个重要理论和实践问题，制定出正确对待富农的政策，是我们党顺利完成民主革命任务的关键。而在当时，中央对富农的认识尚浅，对待富农的政策不断发生变化，不仅令各根据地感到无所适从，还损害了富农利益，妨害了土地革命的发展。毛泽东意识到，要制定正确的土地政策，关键要搞清楚中国富农的基本情况及其在农村社会中的地位，搞清楚其与地主的区别何在，搞清楚广大贫雇农对于富农的态度如何等。此外，毛泽东对于城镇工商业政策的制定工作亦相当重视，认为"对于商业的内幕始终是门外汉的人，要决定对待商业资产阶级和争取城市贫民群众的策略，是非错不可的"。要作出正确决策，就必须了解当地工商业者的具体情况及其在社会中的地位。正是带着这样明确的问题意识，毛泽东最终下定决心做一番大规模调查研究。

毛泽东为什么要选择在寻乌开展调查研究？毛泽东曾指出“我是下决心要了解城市问题的一个人”，但“也没有强烈吸引力的具有典型意义的调查地点”。而“寻乌这个县，介在闽粤赣三省的交界，明了了这个县的情况，三省交界各县的情况大概相差不远”。同时，国民党内部正在进行中原大战，寻乌社会环境比较安定。最重要的是，毛泽东的亲密战友古柏能够为他提供有力支持和帮助。正是因为寻乌具备开展调查研究的有利条件，毛泽东在城市开展调查研究的夙愿才得以实现。在寻乌，毛泽东进行了为期20多天的社会调查，开了10多天的调查会，在这里第一次提出了“没有调查，没有发言权”“中国革命斗争的胜利要靠中国同志了解中国情况”的科学论断；强调“必须努力作实际调查，才能洗刷唯心精神”；初步形成了毛泽东思想活的灵魂的三个基本方面——实事求是、群众路线和独立自主的思想。

“没有调查，没有发言权”，“不做正确的调查同样没有发言权”。寻乌调查时，毛泽东坚持拜群众为师、拜事实为师、拜方法为师，获得了准确的一手资料，为后来作出正确决策奠定了坚实基础，对毛泽东调查研究思想的形成发展也具有重要意义。

拜群众为师：从群众中来，到群众中去，坚持深入基层搞调查研究。寻乌调查是“到群众中作实际调查去”的典范。在开展调查时，毛泽东将参加调查会的干部、农民、秀才等称为“可敬爱的先生”，虚心认真地向他们请教。除了主持召开调查会，他还主动深入各行各业群众之中，从寻乌的地理环境到政治区划，从社会各阶级的现状到政治经济，从旧有土地关系到土地革命以及妇女在土地斗争中的表现……毛泽东都问得十分详细、清楚。经过寻乌调查，毛泽东懂得了城市商业状况，掌握了分配土地的各种情况，为制定正确对待城市贫民和商业资产阶级的政策，为确定土地分配中限制富农的“抽肥补瘦”的原则，提供了实际依据。

拜事实为师：要“下马观花”，不能用“大概”敷衍，坚持实事求是搞调查研究。在寻乌调查中，毛泽东“下马观花”到什么程度？连运往县城的鸡牛猪从哪里来的、经过哪些具体路段、有多少斤、每斤多少钱都一一写出。县城中有几家卖盐的、盐的种类和颜色都细细道来。正是毛泽东坚持“拼着精力把一个地方研究透彻，然后于研究别个地方，于明了一般情况，便都很容易了”的调研态度，深入细致开展调查，获取了十分翔实的资料，为毛泽东后来在宁都小布撰写《寻乌调查》手稿提供了重要支撑。

拜方法为师：注重方法创新，讲求工作艺术，坚持科学高效搞调查研究。开调查会是毛泽东作寻乌调查的主要方式。调查会到些什么人，人多还是人少好，毛泽东都经过深思熟虑。开调查会之前，毛泽东还亲自列调查纲目，既有大纲，也有细目，细目之下再列出作讨论式调查的具体问题。此外，他还运用了走访式调查、田间调查、数据分析等方式方法。这些都比较完整地体现了调查研究的科学方法，寻乌调查也因此在毛泽东调查研究思想的形成发展上具有重要地位。

王思文

“三大纪律八项注意”的来历

在中国人民革命军事博物馆展厅里，陈列着一幅写着红军“三大纪律六项注意”的包袱皮。由于年月已久，白布已经泛黄，但上面的字迹依然清晰可辨。这是一件很有纪念价值的文物，因为“三大纪律六项注意”，正是著名的“三大纪律八项注意”的前身。

中国人民解放军自建军之始，就极其重视加强革命纪律，这是人民军队区别于一切旧式军队的显著标志。1927 年，毛泽东领导湘赣边界秋收起义时，就要求部队官兵对待人民群众说话和气，买卖公平，不拉夫，不打人，不骂人。据《井冈山革命根据地和中央苏区大事纪实》记载：“1927 年 10 月 23 日，工农革命军在毛泽东的率领下抵达荆竹山，王佐派侦探队长朱持柳前往迎接。由于战士们长途跋涉，饥饿难忍，刨了老百姓的红薯吃，违反了群众纪律。毛泽东得知情况后，于次日在荆竹山雷打石上召开大会。要求部队官兵严格遵守群众纪律，和山上的王佐部队搞好关系，做好群众工作，同时提出了人民军队最早的三项纪律。”

这里提到的“三项纪律”分别是：第一，行动听指挥；第二，不拿工人农民一点东西；第三，打土豪要归公。1929 年以后，毛泽东又将“三项纪律”中的“不拿工人农民一点东西”，改为“不拿群众一针一线”；“打土豪要归公”改为“筹款要归公”，后来又改为“一切缴获要归公”。

1928年夏，又提出了“六项注意”，分别是：一、上门板；二、捆铺草；三、说话和气；四、买卖公平；五、借东西要还；六、损坏东西要赔。后来又增加了“洗澡避女人”和“不搜俘虏腰包”两项内容。

这就是井冈山和中央苏区时期形成的“三大纪律八项注意”的初期版本。“三大纪律八项注意”逐步成为人民军队纪律建设的基本原则和明确遵循。

全国解放战争时期，由于“三大纪律八项注意实行多年，其内容各地各军略有出入”，1947年10月10日毛泽东起草发出了《中国人民解放军总部关于重行颁布三大纪律八项注意的训令》，对其内容作了统一规定，要求各地各军“即以此为准，深入教育，严格执行”，同时也指出“至于其他应当注意事项，各地各军最高首长，可根据具体情况，规定若干项目，以命令施行之”。

这份新修订颁布的“三大纪律八项注意”条文内容为：

三大纪律：（一）一切行动听指挥；（二）不拿群众一针一线；（三）一切缴获要归公。

八项注意：（一）说话和气；（二）买卖公平；（三）借东西要还；（四）损坏东西要赔；（五）不打人骂人；（六）不损坏庄稼；（七）不调戏妇女；（八）不虐待俘虏。

为了搞好这次修订，中央向党内广泛征求意见，毛泽东亲自动手修改。这次修改充分考虑到部队官兵的思想实际，吸收了当时各地现行规定中的合理内容，并提高一步形成了沿用至今的经典版本。这一新颁布的“三大纪律八项注意”，内容简单明了、生动贴切，短短几十个字，却切实管用，使人易懂好记，其“将革命军人如何对待人民群众，用最具体、最简要的语言固定下来”，给解放军严整军风军纪提供了统一的内容规定。

自此，“三大纪律八项注意”内容正式确定下来。新中国成立后，1960 年 9 月，在整理出版《毛泽东选集》第四卷时，这份训令被收录，其影响就更加广泛深入了。《毛泽东选集》中特别评价说：“三大纪律八项注意”，“是红军以及后来的八路军、新四军、人民解放军政治工作的重要内容，对于人民军队的建设，对于正确处理军队内部关系、团结人民群众和确立人民军队对待俘虏的正确政策，都起了伟大的作用”。

吕 臻

苏区干部好作风是怎么来的

“苏区干部好作风，自带干粮去办公，日着草鞋干革命，夜打灯笼访贫农。”这首当年流传于苏区的民歌，真切表达了人民群众对苏区干部优良作风的赞誉。

1931年末，李富春来到江西兴国，担任中共江西省委书记。为深入了解苏区的情况，他经常脚穿草鞋，身背雨笠，走村串户开展调查研究。为了不增加基层负担，李富春让妻子蔡畅为他缝了一个米袋子。这个米袋子实际上是一个马褡子，一边装着纸笔和文件，另一边装着“饭筲子”、一包米和一包辣椒干。李富春每次到乡村，听说干部为他安排吃饭时，都会制止，只是将携带的米放在群众家里热一热。

李富春在兴国工作的一年多时间里，背着这个米袋子走遍了兴国的山山水水。兴国的干部们纷纷效法，缝制一个米袋子，背着去基层调查研究，解决群众疾苦，不占用群众或者兄弟单位的一粒粮食，自上而下形成了“自带干粮去办公”的风尚。苏区干部不搞任何特殊化，摒弃一切官僚主义，用清正廉洁的工作作风赢得了广大苏区群众的衷心拥护和爱戴。

苏区干部好作风的故事还有很多。手提马灯夜访群众，为群众解决柴米油盐问题，组织耕田队、劳动互助组帮助群众生产……正因为苏区干部作风优良、事事争先带头，团结带领群众在扩红支前、支前参战、推销公债、文化教育等各个方面创造了新的局面。毛泽东同志亲笔题赠“模范兴国”四个大字，并称赞“兴国的同志创造了第一等的工作”。

苏区干部好作风，一方面是由于党员干部充分发挥模范带头作用，产生很好的示范效应；另一方面，也离不开苏维埃政府对党风廉政建设的高度重视。1931 年，中华苏维埃共和国临时中央政府成立后，非常重视廉政建设，严惩腐败分子。1933 年 12 月 15 日，中华苏维埃共和国中央执行委员会发布第二十六号训令《关于惩治贪污浪费行为》。根据这个规定，各级苏维埃政府严肃查处腐败案件，深得民心。1934 年初，中华苏维埃第二次全国代表大会召开。会议指出：在财政政策上，“应该使一切苏维埃人员明白贪污浪费是极大的犯罪。向着贪污浪费作坚决斗争，过去虽有了些成绩，以后还应加倍的用力”。这次大会后，中华苏维埃共和国颁布法规，建立了审计监督制度。新成立的中央审计委员会开展财政预算审查、国家企业和群众团体财政收支检查、节省运动专项审计，审计结果在《红色中华》报上公布，在规范财政财务收支、查处贪污浪费、促进廉政建设方面发挥了重要作用。

张东明

党中央延安时期“立规矩”

习近平总书记强调，要严明政治纪律和政治规矩、加强纪律建设。这是针对新形势新任务新情况对党员、干部提出的严格要求。从历史上看，中共中央在延安时期曾针对严重违反政治纪律的王明专门“立规矩”。

当时，王明刚从苏联回国，就在中央政治局作报告，反对中央路线。他任长江局书记期间，反对毛泽东提出的独立自主的山地游击战，反对把党的工作重心放在战区和敌后；拒不执行中央指示，不经中央同意，擅自代表中央发表宣言、决议和违背中央方针的演说与文章。

为了统一全党思想，中央决定召开六届六中全会。会前，从苏联回国的王稼祥向中央政治局传达共产国际总书记季米特洛夫的意见：“（共产）国际认为中共的政治路线是正确的，中共在复杂的环境及困难条件下真正运用了马列主义。”

1938 年秋，中共六届六中全会通过政治决议案，同时强调增强党的团结和加强党的纪律的重要性，“共产党的团结统一，首先是中央及各级领导机关，尤其是八路军、新四军中党的领导干部，和各中央局及省委的团结和统一，是保证抗日民族统一战线向前巩固和扩大的最基本前提”，“每个共产党员应该爱护党和党的团结统一有如生命。”针对王明破坏党的团结和纪律的行为，重申“少数服从多数、个人服从组织、下级服从上级、全党服从中央”。

六届六中全会制定了几个党的重要“规矩”:《关于中央委员会工作规则与纪律的决定》《关于各级党委暂行组织机构的决定》《关于各级党部工作规则与纪律的决定》等，强调党员必须遵守民主集中制原则，中央委员如果没有中央委员会、中央政治局及中央书记处的委托，不得以中央名义向党内党外发表言论与文件；中央委员不得在中央委员会以外对任何人发表与中央委员会决定违反的意见，亦不得有任何相违反的行动。

历史和现实都证明，共产党员尤其是领导干部，必须讲规矩。只有这样，才能保持党的团结和统一，夺取革命、建设和改革的胜利。

薛庆超

《中共中央关于增强党性的决定》出台的历史背景

1941 年 7 月 1 日，在中国共产党成立 20 周年之际，中共中央政治局在延安通过了《中共中央关于增强党性的决定》，这是党的历史上第一个以增强党性为主题、直接以党性命名的《决定》，既有效应对了当时党内存在的现实问题，也为解决党内长期存在的思想问题提供了遵循。《决定》的出台既有复杂的历史因素，也有紧迫的现实原因。

总结皖南事变教训是《决定》出台的直接原因。1941 年 1 月 6 日，新四军皖南部队 9000 多人奉命北移过程中，在茂林地区遭国民党优势兵力包围袭击，除 2000 余人突围外，其余大部壮烈牺牲，军长叶挺被扣押，副军长项英、政治部主任袁国平牺牲。皖南事变爆发后，中共中央政治局多次召开会议研究局势和对策，及时进行反思总结。1 月 15 日，中共中央政治局通过毛泽东起草的《中央关于项袁错误的决定》明确指出，军队干部，特别是各个独立工作区域的领导人员，“决不能发展到不服从中央领导与中央军委指挥，否则是异常危险的”，并慎重而严肃地向全党提出了“党性”要求，“一切有个人英雄主义思想即是说党性不纯的同志，特别是军队的领导人员，必须深自省察”，“全党特别是军队中干部与党员的党性教育与党性学习，决不可轻视这个绝大的问题”。皖南事变暴露出的不服从党中央统一领导的问题是我们党强调党性修养、制定并通过《决定》的直接促动因素。

提高新吸纳党员素质是《决定》出台的现实因素。全民族抗战爆发后，我们党为适应形势变化和斗争需要，采取大量发展党员的方针。全国党员从全民族抗战爆发时的 4 万多人增加到 1938 年底的 50 万人，再到 1940 年初的 80 万人，其中 75 万是新党员。这些新党员大都是在统一战线环境下入党的，没有经受过革命战争和艰苦环境考验，阶级成分、思想观念和入党动机复杂，党的观念不强，出现了不少“个人主义”“英雄主义”“无组织的状态”等违反党性的倾向。党中央认识到必须及时纠正这些违反党性的错误倾向，以保证党的统一意志、统一行动和统一纪律。在 1941 年 3 月 19 日召开的中央政治局会议上，毛泽东提议写一篇关于增强党性的文章。3 月 26 日，中共中央政治局专题讨论增强党性、反对独立主义问题，希望通过党内制度建设加强党的民主集中制，提高党的战斗力。毛泽东在这次会议上充分发扬批评与自我批评精神，认为党性问题是一个重要问题，指出：“自遵义会议后党内思想斗争少了，干部政策向失之宽的方面去了”，“我党干部要做到虽受到打击也要服从组织，就是在一个时期为上级所不了解，并且孤立，都要能够忍耐下去。要能上能下”。王稼祥、张闻天、陈云等在会议发言中也认为，党的六届六中全会重申的以“四个服从”为核心的民主集中制，在党内贯彻得并不完全理想，党的集中统一领导和中央权威时常有被挑战和削弱的危险，造成这些问题的症结在于正确的思想路线没有真正确立。会议决定由王稼祥负责起草关于增强党性问题的决定。

探索解决党内存在的思想路线问题是《决定》出台的主要目标。抗日战争进入相持阶段后，日本对国民党政府采取“政治诱降为主，军事打击为辅”方针，汪精卫集团投敌叛国。国民党五届五中全会制定“溶共”“防共”“限共”的反共方针，将党派利益置于民族利益之上，加紧反共宣传，制造军事磨擦。面对复杂严峻局面，为服务抗战需要，党中央迫切需要思想和行动上的集中统一。然而，当时在党内，遵义会议虽然解决了最紧迫的组织问题和军事路线问题，但思想路线、政治路线问题却没有得到彻底解决。遵义会议开始形成以毛泽东同志为核心的党的第一代中央领导集体，但全党真正深刻认识到维护党中央权威和集中统一领导的重大意义并成为自觉行动还需要经历一个过程。要解决思想路线问题，就迫切需要在全党进行一次思想教育和启蒙。因此，制定一个能统一全党步调和行动的规范性文件，成为解决党内存在复杂思想问题的客观需要。

陈少铭

延安整风运动

1942 年 2 月 1 日，延安杨家岭中央大礼堂座无虚席。在《整顿学风党风文风》（后改称《整顿党的作风》）的报告中，毛泽东生动比喻：主观主义、宗派主义、党八股“不过是一股逆风，一股歪风，是从防空洞里跑出来的”，我们全党都要来做这个塞洞工作。

一周后，毛泽东又作了《反对党八股》的报告，指出“洋八股必须废止，空洞抽象的调头必须少唱，教条主义必须休息，而代之以新鲜活泼的、为中国老百姓所喜闻乐见的中国作风和中国气派”。《整顿学风党风文风》和《反对党八股》激起千重浪，全党整风就此正式拉开帷幕。

延安整风运动以“惩前毖后”“治病救人”为方针，方法是认真阅读整风文件，联系个人的思想、工作、历史以及自己所在地区、部门的工作进行检查，提出努力的方向，特别强调自我批评，“以灵魂与人相见”，而不要像《西游记》中的鲤鱼精，“吃了唐僧的经，打一下，吐一字”。

作为一场马克思主义思想教育运动，延安整风将经典著作学习摆在重要位置，将《共产党宣言》《社会主义从空想到科学的发展》《共产主义运动中的“左派”幼稚病》等列为学习材料。

为了给理论学习提供“弹药”，党中央还专门下发《中共中央关于一九四三年翻译工作的决定》，指出“翻译工作尤其是马列主义古典著作的翻译工作，是党的重要任务之一”，要求“为提高高级干部理论学习，许多马恩列斯的著作必须重新校阅”。

同时，强调不能“只会片面地引用马克思、恩格斯、列宁、斯大林的个别词句，不会运用他们的立场、观点和方法”，要“以研究中国革命的实际问题为中心，以马克思列宁主义基本原则为指导的方针，废除静止地孤立地研究马克思列宁主义的方法”。

1942年5月，党中央在延安召开文艺座谈会。毛泽东强调，为什么人的问题，是一个根本的问题，原则的问题，“我们的文学艺术都是为人民大众的，首先是为工农兵的”。

以此为动力，广大党的文艺工作者进一步走向工农兵群众，以实际行动和大量作品展示了整风成果。1944年7月，毛泽东为丁玲、欧阳山描写边区新人新事的作品发表专门写信说：“快要天亮了，你们的文章引得我在洗澡后睡觉前一口气读完，我替中国人民庆祝，替你们两位的新写作作风庆祝！”

1943年下半年，延安整风运动进入总结党的历史经验阶段。党的六届七中全会之前，中央政治局召开扩大会议，在继续深入讨论苏维埃运动后期错误路线的同时，着重讨论了全国抗战时期党中央的路线。

1945年4月20日，在党的七大开幕前三天，六届七中全会最后一次会议讨论通过了《关于若干历史问题的决议》，阐述了“左”倾错误在政治上、军事上、组织上、思想上的表现及发展过程、主要内容、社会根源及给中国革命所造成的严重危害，高度评价了毛泽东同志运用马克思列宁主义基本原理解决中国革命问题的杰出贡献，肯定了确立毛泽东同志在全党的领导地位的重大意义，增强了全党在毛泽东思想基础上的团结，为七大的胜利召开创造了充分的思想条件。

毛泽东同志在总结发言中指出，治病救人这个方针被证明是有效的，“治病是手段，救人是目的”，要把治病救人两方面统一起来。至此，延安整风运动胜利结束。

路 军

陕甘宁边区的好风气

1940年2月1日，毛泽东在延安民众声讨汪精卫大会上发表讲话指出：“陕甘宁边区是全国最进步的地方，这里是民主的抗日根据地。这里一没有贪官污吏，二没有土豪劣绅，三没有赌博，四没有娼妓，五没有小老婆，六没有叫化子，七没有结党营私之徒，八没有萎靡不振之气，九没有人吃磨擦饭，十没有人发国难财。”陕甘宁边区有什么呢？毛泽东曾对国统区和解放区作过如此比较：“利用抗战发国难财，官吏即商人，贪污成风，廉耻扫地，这是国民党区域的特色之一。艰苦奋斗，以身作则，工作之外，还要生产，奖励廉洁，禁绝贪污，这是中国解放区的特色之一。”那么，陕甘宁边区的好风气如何形成的呢？

“只见公仆不见官”。在延安，在陕甘宁边区，各级政府工作人员一般都没有薪酬，只发给勉强维持生活的津贴，最高级别的行政领导每月5元，县长2.5元，粮食每天1.4斤，菜钱4分。正如毛泽东所言：“谁人能够只要每月五块钱薪水呢？谁人能够创造这样的廉洁政治呢？”对于贪污腐败浪费等行为，共产党人更是毫不姑息。担任甘泉县张家畔税务局局长的肖玉璧，因在任内贪污公款3050元，被边区高等法院依法判处死刑，立即执行。肖玉璧是 1933 年加入红军的战斗英雄，党和边区政府并没有因此而稍有宽纵。

念念不忘的，只是抗战与人民的整个利益。在陕甘宁边区，从毛泽东、朱德等中央领导到各级干部和基层工作人员，几乎都是勤政廉洁作风的模范践行者。边区政府主席林伯渠曾举过延长县县长焦生炳的例子："焦县长亲自参加担粪、翻地、锄草、收割。麦收时，他白天割了一天，晚上收工时还要挑着一担回去，无怪老百姓说，'自古以来没见过县长担粪，今天县长也担起粪来了，我们必须加倍生产才对'。"他在第二届参议会上作政府报告时感慨道："我们的工作人员大部是一些不知疲倦的人民的忠仆，他们念念不忘的，只是抗战与人民的整个利益。"

大力加强社会建设。延安时期，中国共产党和边区政府不仅在经济上减租减息，开展大生产运动，改善人民生活，给"人民以看得见的物质福利"，而且大力加强社会建设。

针对盛行婚姻包办、买卖的不良社会风气，边区政府公布《婚姻条例》，大力倡导婚姻自主，实行一夫一妻制，禁止纳妾，禁止包办强迫、买卖婚姻、童养媳及童养婚等，使妇女的家庭地位有了根本改变，长期延续的恶俗陋习得以摒除。边区政府还大力发展教育，深入破除封建迷信，禁绝种植吸食鸦片，发展医疗卫生事业，以及开展改造"二流子"运动等。经过多年努力，边区的教育水平稳步提高，群众的文化生活也日益丰富，逐步成为"全国最进步的地方"。

张东明

党的三大作风的概括总结

党的作风，是党的性质、宗旨、纲领、路线的重要体现和完成党的任务的重要保证。党的作风建设，关系到党能否保持先进性、能否得到人民群众拥护、能否领导革命取得胜利。毛泽东创造性地提出“党风”的概念，概括总结党的三大优良作风。

在苏区，毛泽东就领导广大干部艰苦奋斗、廉洁奉公，形成紧密联系群众的优良作风。1937 年 5 月，毛泽东在党的全国代表会议上提出了党的作风问题。他说：“不要自私自利，不要个人英雄主义和风头主义，不要懒惰和消极性，不要自高自大的宗派主义”，“这就是共产党员、党的干部、党的领袖应该有的性格和作风”。

延安时期，毛泽东发表《纪念白求恩》《为人民服务》等文章，以强调加强共产党人修养的方式加强党的作风建设。1942 年 2 月在《整顿党的作风》的讲演中，毛泽东正式提出“党风”的概念，指出：“反对主观主义以整顿学风，反对宗派主义以整顿党风，反对党八股以整顿文风，这就是我们的任务。”他所倡导的整风运动极大地推进了党的作风建设。

在党的七大上，毛泽东对党应该具有并已形成的作风作出精辟概括，提出理论和实践相结合、和人民群众紧密联系在一起以及自我批评的三大作风。他还强调：这三大作风中的每一项，都是中国共产党人区别于其他任何政党的显著标志。三大作风是毛泽东把马克思主义建党理论中国化的伟大创造，是中国共产党永远立于不败之地的基石。

孙 迪

用延安作风打败了西安作风

1940年抗日战火正酣之际，爱国华侨陈嘉庚率团回国慰问。一到重庆，就听说国民政府拨专款8万元，预订了重庆所有知名旅馆的一、二等房间用于接待，陈嘉庚不禁愕然。面见蒋介石时，繁文缛节、等级森严，让陈嘉庚感到“蒋介石好象（像）皇帝”。在与国民党军政要员接触中，陈嘉庚也深感他们作风奢靡，后在回忆录中写道：“重庆虽在战时，而奢侈应酬颇热闹，每席有至百元者”，并有同行者“自元月间到渝，至三月末与余同寓为止，计六十馀（余）天，无日不被人招宴，常有一日两次者”。而重庆此时的社会风气，亦上行下效，“行政官可私设营业，监察院不负责任”；政府办事机关“各处办事员多者百余人，少者数十人，月费各以万计，不知所干何事”；“男长衣马褂，满清服制仍存，女则唇红口丹，旗袍高跟染红指甲”；“路灯日不禁止，管理乏精神。公共汽客车、人力车污秽不堪入目”。

到延安后，陈嘉庚的感受却截然不同。他看到毛泽东拿一罐英国烟待客，却坦言：“我每个月的薪俸有限，不配抽这样名贵的香烟，这一罐是美国华侨司徒美堂送的。”有一次，毛泽东一根烟抽过一半时，恰好有客求见，却舍不得把半截烟丢掉，只是掐了烟头去见客，回来又把半截烟抽完。毛泽东请陈嘉庚吃饭，就是在窑洞外的露天院子里，将一个陈旧的圆桌面放到方桌上，用4张白纸代替桌布，一阵风吹来，还把“桌布”吹走了。吃的是白菜、咸饭，只是特地上了一盆鸡汤。毛泽东笑谈：“我没有钱买鸡，这只鸡是邻居老大娘知道我有远客，送给我的。”陈嘉庚还看到八路军总司令部官兵伙食一致，人人自己打饭、找座位。一次朱德开饭迟到了，就自己打了饭与战士们挤在一桌，狼吞虎咽吃了个饱。他又听说延安干部“贪污五十元者革职，五百元者枪毙”，不禁与国民党内“污吏尽人都知”形成鲜明对比。

在延安等地数日，陈嘉庚深切感受到优良党风党纪对政风民风所起到的引领作用：共产党带领陕北群众创设工厂、改良水利、整顿交通、兴办学校，在产业发展的带动下“物产升价”“甚益农业”，社会风气也为之一新，“民生安定，工作勤奋，风化诚朴，教育振兴，男女有序”。共产党与国民党两党作风纪律及其所产生影响的霄壤之别，让陈嘉庚断定“国民党蒋政府必败，延安共产党必胜”。

路 军

从党的七大会风看党的作风建设

1945 年召开的中国共产党第七次全国代表大会，虽然已经过去了 80 年，但毛泽东在大会上所概括的中国共产党的优良作风，即“以马克思列宁主义的理论思想武装起来的中国共产党，在中国人民中产生了新的工作作风，这主要的就是理论和实践相结合的作风，和人民群众紧密地联系在一起的作风以及自我批评的作风”，仍然对党的建设特别是作风建设具有重要意义。党的七大从筹备到召开，都体现了简朴节约之风、严谨的文风和自我批评之风。

简朴节约之风

为了召开党的七大，中央决定修建开会的礼堂。因此，请来延安自然科学院校务处的青年建筑家杨作材担任设计任务，从绥德、米脂一带请来能工巧匠，利用陕北的石材，修建完成当时延安最为高大雄伟、庄严朴素的大礼堂。这是党成立 24 年来，第一次在自己修的房子里开党的代表大会。

会场布置由鲁迅艺术文学院美术系钟敬之老师负责。大会主席台中央高悬着毛泽东、朱德的巨幅侧面头像，两边各插三面鲜艳的党旗。主席台正面两侧墙上挂着马克思、恩格斯、列宁和斯大林的画像。礼堂大厅两侧的墙上挂有 6 个“V”字形的旗座。每个旗座上插着 4 面党旗，共 24 面红旗象征着党已经创建了 24 个年头。每个旗座上还钉有一个木质的标语牌，上书“坚持真理，修正错误”八个字。主席台上的长条桌上，插着几束从山里采来的野菊花、马莲草。会场里，放着供代表们使用的木椅。主席台顶端的石拱上，挂着红底镶着黄字的一幅巨大的横联，上面写着：“在毛泽东的旗帜下胜利前进”。下面的红色横幅上写着“中国共产党第七次全国代表大会”14 个大字。大厅后墙是毛泽东题写的“同心同德”四个大字。整个会场的气氛既隆重热烈又简朴端庄。

从全国各地到延安来开会的七大代表们没有统一的住处。他们有的住在中央党校，有的住在西北局、联防司令部，还有的住在延安大砭沟的总政招待所。当时延河上没有桥，因为河水小，住在大砭沟的代表来到河边，脱了布鞋、草鞋，提着过河去参会。

为了保证大会代表们开好会，中央决定由陕甘宁边区财政厅向负责党的七大代表生活的中央办公厅提供特别经费，中央办公厅行政处编制了会前代表伙食预算表，严格按照预算安排代表们的伙食。出席大会的代表和旁听人员近 800 人，还有近 200 名工作人员，代表们都发饭票，保证他们吃得满意还不浪费。

严谨的文风

为了保证大会的顺利召开，大会的报告和相应的会议文件也紧锣密鼓地加以准备。为了起草好大会的几个主要报告，中央书记处决定组织各个报告的准备委员会：军事报告委员会由朱德负责召集；组织问题报告委员会由刘少奇负责召集；党的历史问题决议准备委员会由任弼时负责召集；统战工作报告准备委员会由周恩来负责召集。毛泽东所写的《论联合政府》的政治报告和口头报告没有成立专门的准备委员会，而是由党的六届七中全会主席团和全会讨论、修改。

党的七大报告的起草有一个重要特点，是主要领导亲自动手。毛泽东的政治报告，朱德所作的《论解放区战场》的军事报告，刘少奇所作的《关于修改党章的报告》，周恩来所作的《论统一战线》，任弼时主持起草的《关于若干历史问题的决议》，都是他们自己动手起草，其他同志帮助找资料、查文献，抄写誊清等。

报告初稿完成后，都经过集体讨论和反复修改。党的七大秘书处处长曹瑛回忆说：文件写好后，中央书记处要开会讨论研究加以修改，而且要经过反复修改，一个文件一个文件讨论。每次会议结束后，曹瑛都把他做的记录稿交送文书科抄写清楚，然后送毛泽东、刘少奇、朱德、周恩来、任弼时五位领导审阅。任弼时在认真阅读毛泽东《论联合政府》的政治报告后，提交了书面意见，建议在国民党统治区有关段落中分析一下国民党的成分，区别其领导成分和下层广大党员群众，说明统治集团代表的是大地主和买办阶层的利益；说明中国人民在抗战胜利中应完全摆脱帝国主义的束缚压迫；等等。这些意见和建议受到毛泽东的重视和采纳。

代表们对毛泽东的《论联合政府》等报告，一字一句地认真讨论。党的七大主席团要求代表们充分发扬民主，畅所欲言。代表们对报告没有提出大的修改意见，但小的意见还是有的。如《论联合政府》中两段话意思一样，用词不同。第一段中是“将中国建设成为一个独立、自由、民主、统一和富强的新国家”。在后面讲到中国两个前途时又变成“将中国建设成为一个独立、自由、民主、统一和强盛的新国家”。代表们认为前后的提法应该统一。毛泽东非常重视大家的意见，听了汇报后便说：提得好，马上改过来。这个改动，使大家感到领袖的民主作风。《论联合政府》的报告经过上下反复征求意见，修改多次才定稿。

自我批评之风

党的七大充分体现了包括自我批评在内的优良作风。在大会和小组的讨论中，始终洋溢着民主团结的融洽气氛，讨论中人人各抒己见、个个畅所欲言，有坦率诚恳的建议与批评，也有由衷的自我批评。

在大会上，周恩来、张闻天、博古、陈云等分别作了专题发言，内容大多数是以亲身经历，回顾总结工作经验及教训，说明遵义会议以来党的路线、方针的正确性，同时也检查自己。张闻天在会上作自我批评，说党内曾经存在过，现在还多少存在着理论脱离实践、脱离群众、缺乏自我批评的作风，而他自己则在长时期内为这种作风的代表者之一。博古在发言中检查自己对教条主义错误所起的作用、所负的责任，并作了深刻的自我批评和检讨，表示今后将脱胎换骨，“脱小资产阶级革命家之胎”“换教条主义之骨，来重新作起”。

山东代表团的朱瑞讲到山东问题，也作了自我批评，说对于当时能力上、领导上都比自己强的罗荣桓“是不尊重的”，表示“不但在山东向他道歉，在今天党的大会上，我也应该向他道歉”。有的代表回忆，朱瑞的自我批评非常尖锐，使大家颇为震动，大家被他坦诚的胸襟所感动。

党的七大上代表们发自内心的由衷而真诚的自我批评，完全是站在党和人民的立场，按照共产党员党性的要求严格要求自己，体现出共产党人坚持真理、修正错误的高度自觉性。党的七大上的自我批评，充分体现了党的优良作风，有力地促进了党的团结，增强了党性，保证了大会的圆满成功。毛泽东以《愚公移山》为题作大会闭幕词，极大地鼓舞了七大代表，大家都盼望着赶快回到前线去消灭日本帝国主义，争取抗日战争的胜利。

李蓉

从《中原我军占领南阳》中学习好文风

《中原我军占领南阳》是解放战争时期毛泽东亲自撰写的一篇新闻稿。全文共1100余字，文理并茂、博古通今、气势磅礴，在中国新闻史上具有十分重要的地位。当年这条新华社消息发出不久，毛泽东曾写信给时任新华社的社长胡乔木指出，要加强综合报道，“其办法是借着一个适当的题目如像占领南阳之类去写”，并将之作为范例推广。胡乔木也认为：“像《中原我军占领南阳》，在古今中外的新闻史上，也没有第二篇。这篇文章写得很有气派，很精练，把解放战争和中国历史上的掌故很自然地联系在一起，真实反映了我们当时胜利进军中充满了势如破竹的气魄。”重温这篇经典新闻佳作，对于我们做好新时代宣传工作具有重要启迪意义。

坚持党性原则，保证新闻宣传工作服务于党的中心工作。毛泽东始终把新闻宣传工作作为党的工作的重要组成部分。在他看来，新闻宣传工作的首要原则是要“完全符合于党的政策”，使群众了解党的正确主张，扩大革命的影响力。《中原我军占领南阳》发表于淮海战役前夕。这一时期，为了配合党在战略进攻中的中心工作，党的宣传工作着重于凝聚广大人民群众“打倒蒋介石，解放全中国”的力量与共识。毛泽东以“在人民解放军伟大的胜利的攻势下，南阳守敌王凌云于四日下午弃城南逃，我军当即占领南阳”破题，开篇就展现了人民解放军英勇神武的胜利形象，并通过解放南阳这一件事营造出共产党必将胜利的大趋势，呈现出高屋建瓴、总揽全局的宏大气魄。此外，这篇文章中的议论对于舆论的正确引导起到了重要作用，例如“他是怕对了”“今后当有更大的发展”“这一策略，是明显地成功了”，虽然短小，却出现于表达党性立场的关键处，对于凝聚群众共识，使群众了解并认同党的正确主张具有重要意义。

坚持实事求是，保证新闻宣传工作赢得人心凝聚力量。实事求是，是马克思主义的精髓，是毛泽东思想活的灵魂，是中国共产党的思想路线，也是党的新闻宣传工作的重要准则。在毛泽东看来，新闻宣传工作不仅要对党和国家各项工作中的成绩给予恰如其分的肯定，也需要对工作中的缺点和失误勇于开展批评、提出建设性意见。《中原我军占领南阳》敢于在党性原则下讲事实、讲真话。例如文中毛泽东诚恳指出，在1947年下半年的一个极短时间内，共产党曾在江淮河汉这一区域“过早地执行分配土地的政策，犯了一些策略上的‘左’的错误”。这生动展现了中国共产党人敢于正视并解决自身存在的各种问题的坚强决心，对于今天我们不断推进党的自我革命，转作风改文风具有重要启示意义。

坚持走群众路线，保证新闻宣传工作获得人民群众广泛支持。毛泽东强调宣传工作必须坚持走群众路线，唯有以群众为主要宣传受众，才能为党争取民心。《中原我军占领南阳》用词简洁、诙谐生动，将抽象的政治形势转化为广大群众可感、可见的具体形象，让广大群众看得懂、理解得了党的纲领路线、方针政策。例如文中毛泽东借着白崇禧“共产党生根”的比拟，议论道：“他是怕对了。

我们在所有江淮河汉区域，不仅是树木，而且是森林了。不仅生了根，而且枝叶茂盛了。”在这里，毛泽东先以白崇禧之言树立一个标靶，随后又借力打力引申成为自己的武器，通过比喻的手法，层层递进，最终呈现出共产党人由弱变强的过程以及根基稳固、蓬勃发展的形象，堪称精妙。

坚持灵活性，保证新闻宣传工作以恰当方式取得实效。毛泽东不仅在革命战争中善用灵活机动的战略战术，在新闻宣传工作中，也将灵活性贯穿始终，十分注意宣传的方式方法。在《中原我军占领南阳》中，毛泽东一改往日新闻作品的常规写法，在导语部分简要介绍完中原我军占领南阳的事实后，并没有紧接着分析这场战役胜利的原因和情况，而是笔锋一转，介绍起历史上的南阳，“南阳为古宛县，三国时曹操与张绣曾于此城发生争夺战”，不仅借古喻今点明了南阳重要的战略位置，更使这篇新闻报道充满了文学价值，让新闻色彩斑斓，增强了文章的可读性、趣味性，保证了宣传工作以恰当方式取得实效。

李春阳

我们党靠什么赢得人民信服？

“其身正，不令则行。”律人者必须端正自身，约束自己的行为，要求别人做到的，自己先要做到。1941 年，新四军政治部主任袁国平在皖南部队突围动员时号召大家，“如果我们有 100 发子弹，要用 99 发射向敌人，最后一发留给自己，决不当俘虏！”战斗中，袁国平身中四弹，浑身血肉模糊，为了不拖累大部队突围，他悄悄摸出手枪，对准自己的太阳穴扣动了扳机，践行了他誓死不当俘虏的阵前誓言。

要求别人不做的自己坚决不做，才能令行禁止。正是由于一个个党的干部发挥了示范带头作用，从而使我们党始终成为坚强的领导核心。刘启耀就是这样的好干部。1933 年 9 月，国民党反动派开始对中央苏区发动第五次“围剿”，中央苏区面临巨大的经济困难。在这种情况下，时任江西省苏维埃政府主席的刘启耀主导制定了《节约规约》，要求大家节省经费。1935 年初，刘启耀在宁都南部领导游击战争时被敌人打散，与组织失去了联络，被迫在遂川县一带隐蔽，靠讨米度日。谁也不会想到，这个衣衫褴褛的讨米人的腰间竟藏有一大包作为党的活动经费的金条银圆。刘启耀一边走家串户讨米，一边秘密串连散落在当地的苏区干部。直到成立临时中共江西省委时，刘启耀才将他珍藏了3年的金银拿了出来，作为省委办公费。在场的同志无不对刘启耀敬佩万分。

古人云："唯自净者可以净人。"从更高一个层面讲，律人者不仅要自律，更要做到思想上"无瑕"，言行上"无疵"，意志上坚定。1927年4月12日，蒋介石的南京国民政府在上海悍然发动反革命政变，大批共产党员被杀害。一些党内的动摇分子公开退党甚至叛变自首，党员由大革命时期的6万多人锐减至1万人。在血雨腥风中，第一届中央监察委员会的10名委员和候补委员经受住了血与火的考验，有8人先后牺牲在刑场或战场上，无一人叛党投敌。他们用鲜血和生命诠释忠诚的同时，也让我们看到了党的执纪者纯净的政治本色。

"打铁必须自身硬。"说到的就要做到，承诺的就要兑现。党的十八大以来，以习近平同志为核心的党中央从中央政治局做起，制定出台了改进工作作风、密切联系群众的八项规定。习近平总书记率先垂范，亲力亲为，说到做到，给中央政治局全体同志作出了示范，为全党树立了榜样，有力促进了党风政风好转。以习近平同志为核心的党中央用铁一般的行动，树立了律人必先律己的光辉典范，极大地凝聚了党心民心。

张 曙

“进京赶考”前定下的规矩

1948年末1949年初，中国革命形势正处在发生重大变化的转折关头，革命形势一片大好，随着解放战争的胜利发展，建立新中国的任务被提上历史日程。

1949年3月，党的七届二中全会讨论了党的工作重心由乡村转移到城市的问题。毛泽东作出重要判断：“从现在起，开始了由城市到乡村并由城市领导乡村的时期。”“党和军队的工作重心必须放在城市，必须用极大的努力去学会管理城市和建设城市。”此时党内普遍沉浸在胜利的喜悦之中，但出现因胜利而轻敌、执行党的政策有偏差、干部居功自傲、骄傲自满等一些不好的苗头性倾向性思想，有必要通过思想上的教育和行动上的统一，来纯洁干部队伍、肃清不良倾向、校正前进方向。

毛泽东郑重告诫：“夺取全国胜利，这只是万里长征走完了第一步……中国的革命是伟大的，但革命以后的路更长，工作更伟大、更艰苦。”为此，他提出了“两个务必”的思想，即“务必使同志们继续地保持谦虚、谨慎、不骄、不躁的作风，务必使同志们继续地保持艰苦奋斗的作风”。这里面，包含着对中国几千年历史治乱规律的深刻借鉴，包含着对中国共产党艰苦卓绝奋斗历程的深刻总结，包含着对胜利了的政党永葆先进性和纯洁性、对即将诞生的人民政权实现长治久安的深刻忧思，包含着对中国共产党坚持全心全意为人民服务根本宗旨的深刻认识。为了防止对个人的歌功颂德，全会还根据毛泽东的提议，定下了“六条规定”：一、不做寿；二、不送礼；三、少敬酒；四、少拍掌；五、不以人名作地名；六、不要把中国同志和马恩列斯平列。在胜利面前，毛泽东保持着清醒的头脑。他告诫全党，必须警惕“糖衣炮弹”的攻击，不要在这种攻击面前打败仗。

党的七届二中全会召开不久，1949 年 3 月 23 日，毛泽东率领中央机关离开西柏坡向北平进发。临行前，毛泽东对周恩来说，今天是进京的日子，进京“赶考”去。周恩来说，我们应当都能考及格，不要退回来。毛泽东说：退回去就失败了。我们决不当李自成，我们都希望考个好成绩。党中央在历史转折关头提出“两个务必”，显现出强烈的忧患意识和使命意识，具有深远的理论价值和实践意义。

朱志伟

“三反”运动的深入开展

1950年8月，南京分行浦口办事处银库被匪徒破坏，被盗3800多万元，一直没有破案。“三反”运动开始后，办案人员从另一贪污案中找到线索，发现此案系内部贪污分子有计划的集体盗窃，当即跟踪追击，多个突破，把4名犯罪分子全部抓获，在一小时内破案。类似的案例在“三反”运动中还有很多。

“三反”运动，是党在全国执政以后保持党政机关的廉洁、反对贪污腐败的初战，于1951年12月开始，1952年10月结束。除众所周知的刘青山、张子善案件外，据统计，全国县以上党政机关贪污千元以上者计10.8万人，为参加“三反”运动总人数的2.8%。其中，以中小贪污人员为绝大多数，受行政处分的占20.8%，免受处分的占75.56%；贪污万元以上受到刑事处理的大贪污分子占3.64%，其中，被判处有期徒刑的9942人，无期徒刑的67人，死刑立即执行的42人，死刑缓期执行的9人。

严格在法治轨道上开展运动是“三反”运动的一个突出特点。比如，在追查贪污犯即“打老虎”阶段，许多地方和部门曾发生过火斗争的偏差，党中央察觉后及时进行纠正。1952年4月，中央人民政府公布实施《中华人民共和国惩治贪污条例》，明确规定了有关贪污问题的处理方针、办法、步骤及批准权限等，使有关的处理工作进入法庭审判程序，毛泽东同志指出“这是共产党人统治国家的一次很好的学习，对全党和全国人民都具有很大的意义”。根据“三反”中发现的问题，中央总结和强调要加强制度建设，主要是建立和健全财政、基建等各种制度，以防止贪污、浪费和官僚主义现象的重新生长。

“三反”运动时间不到一年，但成效显著。不仅教育了大多数干部，挽救了犯错误同志，清除了党和国家干部队伍中贪污腐败分子，而且有力地抵制了旧社会遗留恶习的腐蚀，树立了国家工作人员的廉洁、朴素、为民服务的工作作风。

张东明

“大兴调查研究之风”口号的提出

1960年12月24日至1961年1月13日，中共中央在北京召开工作会议。会议期间，毛泽东分别召开了5次汇报会，听取各省、市委负责同志的汇报。此时，在全党大兴调查研究之风的想法，逐渐在他脑中形成。毛泽东认为，这几年错误的发生，直接源于思想方法上的主观主义和片面性，只凭想象和估计办事。他说：“这些年来，我们的同志调查研究工作不做了”“特别是最近几年，我们对实际情况不大摸底了，大概是官做大了。”

中央工作会议的最后一天，1月13日，毛泽东发表了以大兴调查研究为主旨的讲话。他说：“请同志们回去后大兴调查研究之风”“要分批摸各省、市、自治区的底，二十七个地方分开来摸。每一个省，每一个市，每一个自治区又按地、县、公社分头去摸”。毛泽东以《汉书·河间献王刘德》为例讲道：“今年搞一个实事求是年好不好？河北省有个河间县，汉朝封了一个王叫河间献王。班固在《汉书·河间献王刘德》中说他‘实事求是’，这句话一直流传到现在。”

随后，1月14日至18日，中共八届九中全会在中南海怀仁堂举行，指导思想就是毛泽东提出的“大兴调查研究之风”和“今年搞一个实事求是年”。这次会议正式决定对国民经济实行“调整、巩固、充实、提高”的八字方针。全会结束时，毛泽东再次就调查研究问题发表讲话。他说：“希望今年这一年，一九六一年成为一个调查年，大兴调查研究之风”“大家回去实事求是地干，不要老是搞计划、算账。要搞实际工作，调查研究，去督促，去实践。”

1 月 20 日，毛泽东给秘书田家英写了一封信，要求组织 3 个调查组，分别由陈伯达、胡乔木、田家英率领，到广东、湖南、浙江的农村进行调查。他在信中提出，3 个调查组以 10 天至 15 天为期，然后到广州会合，向他作报告。1 月 25 日晚，毛泽东离京南下，经天津、济南、南京、上海、杭州、南昌、长沙等地。途中，除具体指导 3 个调查组工作外，他还同河北、山东、江苏、浙江、江西、湖南、广东等省委的负责同志交谈，进行调查。谈话中，毛泽东再三强调调查研究的重要性，他说：“今年这一年要大兴调查研究之风，没有调查研究是相当危险的”“水是浑的，有没有鱼不知道。要大兴调查研究之风，要把浮夸、官僚主义、不摸底这些东西彻底克服掉。过去几年不大讲调查研究了，是损失。不根据调查研究来制定方针、政策是不可靠的，很危险。”2 月 13 日，毛泽东到达广州，与 3 个调查组会合，听取汇报。

3 月 23 日，广州中央工作会议闭幕，毛泽东再次讲话，主题仍是调查研究。他说：我们大部分人，包括我自己在内，都是调查研究不够，现在全党对情况比较摸底了，但还是不甚了了，“我的经验历来如此，凡是忧愁没有办法的时候，就去调查研究，一经调查研究，办法就出来了，问题就解决了。打仗也是这样，凡是没有办法的时候，就去调查研究”。

会议闭幕当天，中共中央发出《关于认真进行调查工作问题给各中央局，各省、市、区党委的一封信》，信中指出：最近几年工作中缺点错误之所以发生，根本上是由于许多人放松了很有成效的调查研究工作，满足于看纸上报告，听口头汇报，下去时也是走马看花，不求甚解，并且在一段时间内，根据一些不符合实际的或者片面性的材料作出一些判断和决定。信中强调：调查工作是领导工作的首要任务，调查工作做不好，其他工作也不可能做好。中央要求县级以上党委的领导人员，首先是第一书记，深入基层，蹲下来，亲身进行有系统的典型调查。并且要定出制度，造成风气。信后还特别附有毛泽东 1930 年写成的《调查工作》一文。

钟 波

七千人大会：党的建设的一次生动实践

1962 年 1 月 11 日，中国共产党成立以来规模最大的工作会议在北京召开。出席会议的有中央和省市自治区党委、地市委、县委以及重要厂矿企业和军队的负责干部，共七千多人，因此称为“七千人大会”。

1962 年 1 月 30 日，农历小年刚过，第三次全体大会在与会者热烈的掌声中召开。会议只有一个议程，就是毛泽东讲话。大会由毛泽东自己主持，自己讲话。并没有准备讲话稿的毛泽东开场即指出：“同志们，我现在讲几点意见。一共讲六点，中心是讲一个民主集中制的问题。”围绕“民主集中制”这个讲话的中心，毛泽东指出，我们有些同志“怕群众讲话，怕群众批评”。他语重心长地说：“哪有马克思列宁主义者怕群众的道理呢？”毛泽东以古喻今，举了例子，“从前有个项羽，叫做西楚霸王，他就不爱听别人的不同意见”，“另外一个人叫刘邦，就是汉高祖，他比较能够采纳各种不同的意见”，“刘邦同项羽打了好几年仗，结果刘邦胜了，项羽败了，不是偶然的。我们现在有些第一书记，连封建时代的刘邦都不如，倒有点像项羽。这些同志如果不改，最后要垮台的”。因此，作为共产党人，就是要“坚持真理，随时修正错误”，就是要“实行批评和自我批评这种方法”，从而形成“又有集中又有民主，又有纪律又有自由，又有统一意志、又有个人心情舒畅、生动活泼，那样一种政治局面”。

毛泽东的讲话对“大跃进”期间民主集中制受到严重损害，命令风、瞎指挥风、浮夸风等“五风”盛行，党内团结、党的战斗力受影响等情况作出了客观分析。毛泽东在讲话中还作了自我批评，对几年来工作中的缺点、错误承担了责任。有与会者回忆说：“毛主席浓重的湖南口音很不好懂，……在如此广大的范围内带头作自我批评，毛主席的赤诚感染着每一个人。”围绕“关于认识客观世界”“团结全党和全体人民”等问题，毛泽东还指出，“工、农、商、学、兵、政、党这七个方面，党是领导一切的”，“我们的绝大多数干部都是好的”，但也有“一些品质不纯和作风不纯的人。他们是个人主义者、官僚主义者、主观主义者，甚至是变了质的分子。还有些人挂着共产党员的招牌，但是并不代表工人阶级，而是代表资产阶级”。这些发言深刻揭露了党的建设和党员领导干部自身素质方面存在的严重问题。

围绕解决之道，毛泽东提出“必须发扬民主，让人讲话”，界限是“遵守党的纪律，少数服从多数，全党服从中央”，“不准组织秘密集团”。从而，通过加强党的建设、坚持民主集中制，“就能把党内、党外广大群众的积极性调动起来，就能使占总人口百分之九十五以上的人民大众团结起来”，“我们的工作就会越做越好，我们遇到的困难就会较快地得到克服，我们事业的发展就会顺利得多”。

毛泽东长达 2 个小时的讲话，既幽默风趣，又谦虚诚恳，洋溢着比较浓烈的民主气息，在会上引起了共鸣。许多同志听了毛主席的讲话，兴奋得睡不着觉。围绕毛泽东的讲话精神，邓小平在 2 月 6 日第四次全体大会的讲话中，两次强调党的五个优点：“有好的指导思想，有好的中央，有大批好的骨干，有好的传统，有好的信赖党的人民。”他深刻反思，“近几年来，我们不少同志对党的优良传统坚持不够，特别是对于实事求是的传统、群众路线的传统、民主集中制的传统”，但“从遵义会议以后，我们党建立了一套党的生活制度，树立了一套好的传统作风。我们要把这些好的制度、好的传统作风认真地恢复起来，发扬起来”。陈云在参加陕西组讨论时指出：“只要有勇于开展批评与自我批评这一条，坚持真理，改正错误，我们共产党就将无敌于天下。”

路　军

公务宴请中“四菜一汤”规定

新中国成立初期经济尚未恢复，百废待兴，中共领导人对饮食标准格外注意。中共中央进驻北平后，各部门工作基本就绪。一天晚上，食堂加餐“四菜一汤”，毛泽东看到饭菜后批评道：“碗里有饭，不能光往自己的嘴里扒拉，市民的粮食早就被国民党抢光了，他们不少人在饿着肚子。如果这样吃下去，不用多久，我们的餐桌上的菜饭就将会摆满。到那时，我们把‘为人民服务’喊得越响，人民群众越恨我们。”这时有人告诉他，这次改善伙食，是为了庆祝搬迁的胜利。毛泽东听了更加严肃地说：“要想做脱离人民群众的事情，什么时候都可以找到借口。”毛泽东不仅对自己饮食格外节俭，而且对宴请外宾的接待标准也要求严格。新中国成立后，要经常举办宴会接待外宾，满桌菜肴还没有吃多少就倒掉了，毛泽东对此颇为不悦。经过几次接待，他指出接待工作有两大浪费：一是礼仪繁多，搞一些不必要的形式主义，浪费了大家很多的时间，要知道，时间浪费了是不能挽回的，是用金钱也买不到的，这一定要改进！二是接待宴会，大讲排场，吃掉的还没有扔掉的多，白白浪费了国家的金钱和物资。要知道，这些都是人民的血汗！他非常严肃地说：“勤俭节约和反对浪费是我们党的一贯方针和优良传统，什么时候都不能改变！”

随着新中国经济发展，为了规范公务宴请标准，“四菜一汤”规定开始实行。据周恩来的卫士高振普回忆：开会用餐“四菜一汤”的规定是周总理下达的。1960年夏天，中央在北戴河开会，周总理规定了用餐的标准，就是“四菜一汤”。这四菜就是平常的鱼、肉、蔬菜之类的。国务院开会用餐，每人一碗大烩菜，主要是大白菜、粉条、豆腐、排骨之类，桌上再摆几碟小菜，这小菜多为泡菜、酱菜、青椒之类。会务处按定量收取用餐人的粮票和钱，规定每人每餐三两粮票、四角钱。国务院办公厅行政司原司长赵庆云也曾撰文指出，周恩来总理无论是开国务会议、常务会议以及招待外地来京的宾客，还是招待运动员、艺术家，都坚持“四菜一汤”的标准，从不铺张浪费。总理、副总理在中南海举行国宴时，也是严格按照规定的标准。举行国宴时，不上烟、不上白酒，不上易拉罐饮料，只上一些加饭酒和干白葡萄酒，饮料则只上国产的瓶装饮料。

进入20世纪80年代，根据国内、国际形势发展的需要，国宴标准进行了调整。1984年11月，外交部根据中共中央和国务院领导的指示，对党和国家领导人重要国务活动包括外事接待的宴请，作出具体的人均消费标准的规定，同时对国宴的形式、宴请的范围、参加人数等加以改进。自1987年起，宴请的形式多采用分餐制。分餐制既更卫生、方便，又与西餐的进餐方式接轨，更能满足现代人的需求。总的趋势是越来越方便人们进餐。但是，“四菜一汤”的格局，是历届中央领导同志始终坚持的宴会标准。即使是国庆招待会，除冷盘、点心和水果外，宴会也始终保持“四菜一汤”的格局，体现了该规定在国宴中的贯彻执行。

王 刚

改革开放初期党内政治生活立规矩

习近平总书记强调，要加强纪律建设，把守纪律、讲规矩摆在更加重要的位置。十年内乱严重践踏党的政治生活，“和尚打伞，无法无天”；大批党政军领导干部被任意打倒、投诉无门；广大党员受到压抑、难以向中央充分表达个人意见和要求。十一届三中全会后，鉴于这些深刻教训，中央决定制定《关于党内政治生活的若干准则》，作为党内政治生活的规矩。

十一届五中全会一致通过的《关于党内政治生活的若干准则》（以下简称《准则》），对全党提出以下要求：坚持党的政治路线和思想路线，维护党的集中统一，严格遵守党的纪律；各级党委要坚持集体领导，反对个人专断；禁止给领导人祝寿、送礼、发致敬函电；对活着的人不许设纪念馆，对已故的领袖们不应多设纪念馆；禁止用党的领导人的名字作街名、地名、企业和学校的名字；等等。

中央强调，《准则》是党的重要法规，全体党员要认真学习，自觉遵守，要对照《准则》规定，认真检查自己的工作和作风。党的各级领导机关和领导干部要带头执行《准则》。任何党员如果有违反《准则》的行为，要进行批评教育，情节严重的必须按照党的纪律给予处分，直至开除党籍。

实践证明，讲规矩是对党员、干部党性的重要考验，是对党员、干部对党忠诚度的重要检验。守规矩，必须维护中央权威，在思想上政治上行动上同中央保持高度一致；必须维护党的团结，坚持五湖四海，团结一切忠实于党的同志；必须遵循组织程序，重大问题该请示的请示，该汇报的汇报，不允许超越权限办事；必须服从组织决定，决不允许搞非组织活动，不得违背组织决定；必须管好亲属和身边工作人员，不得默许他们利用特殊身份谋取非法利益。

薛庆超

八个坚持、八个反对

加强作风建设，是我们党的优良传统，也是面向21世纪加强党的建设的重要内容。20世纪90年代，以江泽民同志为核心的党中央在推进党的思想建设、组织建设的同时，把加强和改进党的作风建设放在更加突出的位置，坚持从严治党，继续推进党的建设新的伟大工程。

1990年3月，党的十三届六中全会作出《关于加强党同人民群众联系的决定》，强调发展党同人民群众的血肉联系，直接关系党的盛衰兴亡。1992年10月，党的十四大把党风“是关系党的生死存亡的问题”这一论断写进党章。1998年，党中央开展了以“讲学习、讲政治、讲正气”为主要内容的党性党风教育。1997年9月，党的十五大提出，面向新世纪，党中央领导全党正在继续推进党的建设新的伟大工程，就是要把党建设成为用邓小平理论武装起来、全心全意为人民服务、思想上政治上组织上完全巩固、能够经受住各种风险、始终走在时代前列、领导全国人民建设有中国特色社会主义的马克思主义政党。全党要按照新的伟大工程的总目标，从思想上、组织上、作风上全面加强党的建设，不断提高领导水平和执政水平，不断增强拒腐防变的能力，以新的面貌和更强大的战斗力，带领人民完成新的历史任务。大会特别提出，加强党的作风建设，根本的是坚持全心全意为人民服务的宗旨，充分发挥党密切联系群众的优势。2001 年 7 月 1 日，江泽民在庆祝中国共产党成立八十周年大会上的讲话中指出，党的作风，关系党的形象，关系人心向背，关系党的生命。要全面加强党的思想作风、学风、工作作风、领导作风和干部生活作风建设。要结合新的实际，努力发扬党的理论联系实际、密切联系群众、批评和自我批评的优良作风，同时要总结新的实践经验，努力培育新的作风。

党中央认为，对党的作风状况要有清醒的全面的估计，党的作风总的是好的。十一届三中全会以来，我们党重新确立了解放思想、实事求是的思想路线，形成了社会主义初级阶段的基本路线，制定了一系列符合我国国情和人民利益的大政方针，党的精神面貌焕然一新。广大党员积极投身建设有中国特色社会主义的伟大事业，在发扬党的优良传统的基础上，立足国情、面向世界，锐意改革、致力发展，发扬民主、依法办事，给作风建设注入新的活力。我国改革开放和现代化建设取得举世瞩目的成就，同广大党员为党和人民的事业发挥忘我奋斗和无私奉献的先锋模范作用是密不可分的。但是，党的作风方面也存在一些亟待解决的问题。主要是：在一些地方、部门和领导干部中，教条主义、本本主义滋长，形式主义、官僚主义盛行，弄虚作假、虚报浮夸严重，独断专行、软弱涣散问题突出，以权谋私、贪图享乐现象蔓延。这些问题，归根到底都是脱离实际、脱离群众的，其消极影响和后果不可低估。

党中央对党的作风方面存在的问题进行了科学分析，认为有其复杂而深刻的社会根源和思想根源。包括：党长期执政，党内一些人产生了脱离群众、固步自封等倾向；我国处在社会主义初级阶段，实行改革开放，发展社会主义市场经济，许多方面的制度还不完善；资产阶级腐朽思想和封建残余思想侵蚀着党的队伍；有的地方和部门治党不严，思想政治建设和组织建设抓得不紧，管理和监督不力；一些党员干部放松世界观改造，理想信念动摇，革命意志衰退，经受不住权力、金钱、美色的考验；等等。党中央指出，这些因素的存在，使党的作风建设的任务十分艰巨。

看不到问题的严重性，丧失警惕，不下大气力加紧解决，是危险的。基于此，2001 年 9 月 24 日至 26 日，党的十五届六中全会分析了进入新世纪党面临的新形势新任务，着重研究了加强和改进党的作风建设的若干重大问题。全会通过《关于加强和改进党的作风建设的决定》，针对目前党的作风建设中存在的比较突出和严重的问题，提出作风建设“八个坚持、八个反对”的要求。即：坚持解放思想、实事求是，反对因循守旧、不思进取；坚持理论联系实际，反对照抄照搬、本本主义；坚持密切联系群众，反对形式主义、官僚主义；坚持民主集中制原则，反对独断专行、软弱涣散；坚持党的纪律，反对自由主义；坚持清正廉洁，反对以权谋私；坚持艰苦奋斗，反对享乐主义；坚持任人唯贤，反对用人上的不正之风。

“八个坚持、八个反对”，涵盖了党的思想作风、学风、工作作风、领导作风和干部生活作风等各个方面，既科学总结了党的作风建设的历史经验和新鲜经验，又放眼长远，具有很强的现实针对性和深远的指导意义。全党全面贯彻“八个坚持、八个反对”，开拓进取、知难而进，关心群众、真抓实干，艰苦奋斗、拒腐防变，使党的作风、党群干群关系有了新的明显的改善，让人民群众增强了对党和党所领导的社会主义现代化建设事业的信心。

李东方

大力倡导八个方面的良好风气

党的十六大以来，以胡锦涛同志为总书记的党中央，从党和人民事业兴衰成败的高度，从全面建设小康社会、构建社会主义和谐社会的全局出发，充分认识加强领导干部作风建设的极端重要性和紧迫性，切实把加强领导干部作风建设放在更加突出的位置，提出按照科学发展观要求来加强党的作风建设，下决心抓紧、抓实、抓出成效。

党中央认为，进入新世纪，广大党员干部以及领导干部，特别是主要领导干部的作风状况总体上是好的，特别是涌现出像郑培民、牛玉儒、任长霞等一大批优秀领导干部，充分展示了当代共产党人的精神风貌。但是，也应清醒地看到，在长期执政的历史条件下，一些领导干部在作风上还存在着一些亟待解决的突出问题，如漠视群众，脱离实际，作风飘浮，追名逐利，形式主义严重，等等。这些问题虽然发生在少数领导干部身上，但其消极影响不可低估、不容忽视。如果不警惕，不抓紧治理，听之任之，就会严重损害党群干群关系，影响党的执政地位和执政能力，干扰党和人民事业的发展进程。

针对党内存在的这些问题，党中央给予了高度重视，并提出解决这些问题的战略要求。2007 年 1 月，在十六届中央纪委第七次全会上，胡锦涛从思想作风、学风、工作作风、领导作风、生活作风等方面全面系统地阐述了加强领导干部作风建设的问题，要求围绕党的执政能力建设和先进性建设这条主线，大力倡导八个方面的良好风气，弘扬新风正气，抵制歪风邪气。八个方面的良好风气，即：要勤奋好学、学以致用；要心系群众、服务人民；要真抓实干、务求实效；要艰苦奋斗、勤俭节约；要顾全大局、令行禁止；要发扬民主、团结共事；要秉公用权、廉洁从政；要生活正派、情趣健康。这八个方面的良好风气，是我们加强领导干部作风建设的基本内容，也是实现领导干部作风进一步转变的鲜明标志。

2007 年 10 月，党的十七大提出“以保持党同人民群众的血肉联系为重点加强作风建设”，强调“坚持人民是历史创造者的历史唯物主义观点，做到权为民所用、情为民所系、利为民所谋”，号召“领导干部都要讲党性、重品行、作表率”。

为切实推动党风的好转，推动形成良好的政风社风，2009 年 9 月，党的十七届四中全会专门对党的建设进行研究，并作出重要部署安排。全会审议通过《中共中央关于加强和改进新形势下党的建设若干重大问题的决定》，提出大兴密切联系群众之风、大兴求真务实之风、大兴艰苦奋斗之风、大兴批评和自我批评之风的要求，为推进党的作风建设提供了重要依据。

党大力倡导八个方面良好风气，深入开展保持共产党员先进性教育、学习实践科学发展观和创先争优活动，使领导干部切实做到为民、务实、清廉，不断巩固党同人民群众的血肉联系。同时，积极教育引导领导干部继承优良传统、牢记根本宗旨、心系人民群众，树立群众观点和公仆意识，认真执行联系群众制度，关心群众生产生活，切实为群众办好事、办实事，做到权为民所用、情为民所系、利为民所谋；大力弘扬求真务实精神，改进学风、文风和会风，坚决纠正形式主义、官僚主义、弄虚作假和奢侈浪费行为；重视解决作风方面存在的突出问题，促使领导干部保持清正廉洁，讲党性、重品行、作表率，努力形成优良的党风并带动政风民风出现好转，为全面建设小康社会、促进科学发展和社会和谐提供了有力的作风保障。

李东方

从“两个务必”到“三个务必”

2022年10月，习近平总书记在党的二十大上向全党同志提出：“务必不忘初心、牢记使命，务必谦虚谨慎、艰苦奋斗，务必敢于斗争、善于斗争，坚定历史自信，增强历史主动，谱写新时代中国特色社会主义更加绚丽的华章。”这让我们马上想到了党史上赫赫有名的“两个务必”。1949年3月，毛泽东在党的七届二中全会上向全党提出：“务必使同志们继续地保持谦虚、谨慎、不骄、不躁的作风，务必使同志们继续地保持艰苦奋斗的作风。”70多年来，“两个务必”为“赶考”的中国共产党人提供了重要精神引领。“三个务必”的提出，必定会再次为党的建设注入强大力量，成为激励广大共产党员前进的精神动力。

从理论内涵维度看，“三个务必”和“两个务必”都有谦虚谨慎、艰苦奋斗的内容。70多年前，党的七届二中全会指出：“因为胜利，党内的骄傲情绪、以功臣自居的情绪、停顿起来不求进步的情绪、贪图享乐不愿再过艰苦生活的情绪，可能生长。”因此，毛泽东告诫全党：“夺取全国胜利，这只是万里长征走完了第一步。”“中国的革命是伟大的，但革命以后的路程更长，工作更伟大，更艰苦。”为了警惕敌人“糖衣炮弹”的攻击，在毛泽东的提议下，党的七届二中全会作出“六条规定”，即不做寿、不送礼、少敬酒、少拍掌、不以人名作地名、不要把中国同志同马恩列斯平列，为进京“赶考”定下规矩。

进入新时代这十年，我们从制定和落实中央八项规定开局破题，持之以恒正风肃纪，以钉钉子精神纠治“四风”，反对特权思想和特权现象，坚决整治群众身边的不正之风和腐败问题，刹住了一些长期没有刹住的歪风，纠治了一些多年未除的顽瘴痼疾。然而，全面从严治党永远在路上，党的自我革命永远在路上，决不能有松劲歇脚、疲劳厌战的情绪。同时，中华民族伟大复兴，也绝不是轻轻松松、敲锣打鼓就能实现的。全党必须准备付出更为艰巨、更为艰苦的努力。因此，谦虚谨慎、艰苦奋斗仍然是新时代共产党人必须始终保持的优良作风。

“三个务必”增加了不忘初心、牢记使命和敢于斗争、善于斗争两个方面的内容。为中国人民谋幸福、为中华民族谋复兴，是中国共产党的初心和使命。党的十九大刚闭幕，新一届中央政治局常委赴上海、浙江嘉兴瞻仰中共一大会址和南湖红船，提出“唯有不忘初心，方可告慰历史、告慰先辈，方可赢得民心、赢得时代，方可善作善成、一往无前”。在2019年下半年，全党范围内又开展了“不忘初心、牢记使命”主题教育。不忘初心、牢记使命是激励中国共产党人不断前进的根本动力。

100多年来，中国共产党团结带领中国人民，以“为有牺牲多壮志，敢教日月换新天”的大无畏气概，书写了中华民族几千年历史上最恢宏的史诗。敢于斗争、善于斗争，是中国共产党不可战胜的强大精神力量。回顾党的奋斗历程，中国共产党之所以能够历经磨难成功应对各种风险挑战、不断创造新的辉煌，很重要的一点，就是团结和带领人民卓有成效地进行伟大斗争。实现伟大梦想就要顽强拼搏、不懈奋斗。正如习近平总书记在党的二十大报告中强调的：“新时代的伟大成就是党和人民一道拼出来、干出来、奋斗出来的！”中国当前面临着波谲云诡的世界形势、错综复杂的周边环境、艰巨繁重的改革发展稳定任务、任重道远的党的建设等严峻挑战，这也决定着领导干部要敢于担当、敢于斗争，保持斗争精神、增强斗争本领。增强本领来自实践，关键在于掌握斗争的策略，讲求斗争的艺术。

从“两个务必”到“三个务必”，是党的理论创新和光荣传统的传承，体现着百年大党与时俱进的鲜明特色。而强烈的忧患意识、深厚的人民情怀、主动的革命精神是一以贯之、始终如一的，这是我们党战胜各种艰难险阻、不断取得胜利的强大精神力量和重要政治保证。

王 刚

把党的优良作风带进新征程

中国共产党在领导中国人民进行革命、建设、改革和进行党的伟大自我革命过程中，始终坚持把马克思主义基本原理同中国具体实际相结合，积累了党的作风建设的宝贵经验。

中国共产党是按照马克思主义建党学说建立起来的无产阶级政党，但是，在马克思主义政党理论中，没有党的作风建设的直接概念。中国共产党在领导中国革命的历程中，把马克思主义建党学说和党的建设理论运用于中国革命实践，不断深化对党的作风建设重要性的认识。

早在建党初期，党的部分领导人就认识到党内存在着的形式主义和“家长制”作风的危害。通过在革命实践中不断吸取教训、总结经验，中国共产党深刻认识到，党员个人的作风问题与党组织的作风密切相关。20 世纪 40 年代初，为了彻底清算党内存在的“左”的和右的思想以及作风问题，中共中央在延安开展了整风运动，号召全党反对主观主义以整顿学风、反对宗派主义以整顿党风、反对党八股以整顿文风。1942 年 2 月，毛泽东在《整顿党的作风》的报告中第一次正式提出“党的作风”概念，并指出“学风和文风也都是党的作风，都是党风”。这样，毛泽东不仅把党员干部的个人作风问题上升到党的组织、党的整体作风的层面，更为重要的是大大拓展了党的作风的内涵，使之上升到思想方法、学习态度、工作态度和党性的高度。1945年7月，毛泽东又在党的七大上总结出党的三大优良作风，即“理论和实践相结合的作风，和人民群众紧密地联系在一起的作风以及自我批评的作风”，并指出这是“我们共产党人区别于其他任何政党的显著标志”。至此，全党深刻认识到，党的作风问题从根本上讲，就是党性问题，是党的性质、宗旨以及党员世界观、价值观的重要体现，对党的健康发展和党领导的事业的发展至关重要。

新中国成立后，中国共产党从密切联系群众、巩固党的执政地位的需要出发，提出必须继承和发扬党的优良作风，坚决反对官僚主义、宗派主义、主观主义等不良作风和各种违法乱纪行为。“文化大革命”结束后，在总结惨痛教训的基础上，邓小平、陈云等老一辈革命家深刻认识到，党风问题是关系党的生死存亡的重大问题。邓小平指出：“我们必须恢复和发扬党的艰苦朴素、密切联系群众的优良传统”，党风好了，“那样，我们遇到什么困难、什么风险都不怕，我们的社会主义革命和社会主义建设事业，一定能够得到充分的发展”。此后，江泽民、胡锦涛都对党风问题进行过深刻阐述。江泽民指出：“党的作风状况关系党的生死存亡，关系国家的前途命运。”胡锦涛也明确指出：“党的作风体现党的宗旨，关系党的形象，关系人心向背，关系党和国家生死存亡。”

党的十八大以来，以习近平同志为核心的党中央更是以党的作风建设为突破口，持续推进全面从严治党。习近平指出：“执政党如果不注重作风建设，听任不正之风侵蚀党的肌体，就有失去民心、丧失政权的危险。”总的来看，中国共产党在推进党的建设百年实践中，始终坚持把马克思主义基本原理同中国具体实际相结合，把党的作风建设摆在重要位置，不断深化对党的作风建设内涵和规律的认识，并在加强党的作风建设的百年实践中积累了丰富的工作经验。这些经验包括：要始终把保持党同人民群众的血肉联系作为作风建设的核心问题；要紧紧抓住学风问题这个“第一重要的问题”，树立并发扬马克思主义的学风；要科学构建党的作风建设的长效机制；等等。这些经验对于进一步抓好作风建设具有重要意义。

总结经验是为了更好地前行。当下，站在党带领全国人民开启全面建设社会主义现代化国家新征程的起点上，回望百年党的作风建设的历程，展望中华民族伟大复兴的光明前景，我们必须深刻总结党的作风建设的经验教训，以作风建设永远在路上的意识，自觉按照习近平所要求的，“把好传统带进新征程，将好作风弘扬在新时代”，让党的优良作风继续为新时代中国特色社会主义伟大事业保驾护航。

王久高

后记

为深入学习贯彻习近平新时代中国特色社会主义思想，贯彻落实党的二十大和二十届二中、三中全会精神，以深入贯彻中央八项规定精神学习教育为契机，大力弘扬党的优良传统和作风，充分发挥党史以史鉴今、资政育人作用，中央党史和文献研究院组织编写了《风范——党的作风建设中的人与事》一书。

中央党史和文献研究院院务会高度重视本书的编写工作。曲青山院长、王全春副院长亲自指导编写工作，并审定书稿。参加本书编写工作的人员有刘荣刚、毛胜、张东明、朱志伟、成靓。

因编写时间紧迫，本书难免有不周不当之处，欢迎提出宝贵意见。

编　者

2025年6月